The Exchange Regime Reform and Internationalization of Chinese Yuan

人民币汇率制度改革与国际化研究

◯宋海 著

中国金融出版社

责任编辑：何　为
责任校对：孙　蕊
责任印制：程　颖

图书在版编目（CIP）数据

人民币汇率制度改革与国际化研究（Renminbi Huilü Zhidu Gaige yu Guojihua Yanjiu）/宋海著．—北京：中国金融出版社，2011.9
ISBN 978-7-5049-5965-2

Ⅰ.①人…　Ⅱ.①宋…　Ⅲ.①人民币汇率—货币制度—经济体制改革—研究②人民币（元）—国际化—研究　Ⅳ.①F832.63②F822.1

中国版本图书馆CIP数据核字（2011）第111476号

出版发行　中国金融出版社
社址　北京市丰台区益泽路2号
市场开发部　（010）63266347，63805472，63439533（传真）
网上书店　http://www.chinafph.com
　　　　　（010）63286832，63365686（传真）
读者服务部　（010）66070833，62568380
邮编　100071
经销　新华书店
印刷　北京市松源印刷有限公司
装订　平阳装订厂
尺寸　169毫米×239毫米
印张　15.5
字数　166千
版次　2011年9月第1版
印次　2011年9月第1次印刷
定价　38.00元
ISBN 978-7-5049-5965-2/F.5525

序

近年来，人民币国际化的话题已经从学术界进入了政府决策层和大众的视野。一方面，中国正在逐步推进跨境贸易人民币结算以及与周边国家和地区的双边货币互换；另一方面，人民币汇率改革和人民币国际化成为电视、报纸和网络经常讨论的热点话题，关注度非常高。但是如何推进人民币国际化、人民币汇率与国际化的关系，在国际化进程中，如何权衡国际化的利弊，如何规避风险，仍然缺乏深入的研究。

从国际经验来讲，英镑、美元、欧元和日元的国际化既是各国综合实力不断提升的必然结果，也是多元博弈后的慎重决策。尤其是布雷顿森林体系解体以后，国际储备货币与黄金脱钩，主权货币充当国际储备货币，与其说是一种“成长”的过程，不如说就是一种“发行”的过程，是“做”与“不做”的战略决策。一国的经济发展水平，本币是否自由兑换，资本项目开不开放，并不构成一国货币国际化的充要条件。关键在于，一国货币国际化后有没有意义，取决于国际社会是否认可。倘若国际认可度低，做出本币国际化的决策也就毫无意义。如果说国际化有一个成长的过程，那就是国际越认可，使用的地域和范围越广，其国际化程度也就越高，从这个层面而言，国际化是一个发展成长的过程。

宋海同志长期在银行工作，后来又分别在深圳市和广东省分管金融工作，他不仅熟悉金融实践，而且具有扎实的经济金融学理论功底和很强的科研能力。长期以来，他对人民币汇率改革和国际化有特殊的关注，对国际化的精髓有深入的了解。这本专著所探讨和研究的问题，都是人民币汇率改革和国际化进程中最难啃的“骨头”。这本书的内容涵盖了境内外人民币流动及其风险控制研究、境外企业和个人如何对冲人民币汇率风险及境外银行持有离岸人民币头寸问题研究、人民币国际化与中国经济金融走向的研究、人民币国际化的路径选择以及近期、中期、远期目标实施的研究等。该书深入系统地回答了在动态发展的国际经贸和金融体系中，如何把握人民币汇率可兑换的主动权？在后金融危机时代，中国经济如何寻找新的国际增长引擎，从而创造更为有效的汇率机制？在人民币国际化进程中，如何减缓对国内金融体系和资产定价体系所形成的重大冲击？

作者曾撰写过《金融全球化下的汇率制度选择》一书，获得广泛好评。他为了对汇率的理论与实践的研究进行深化和延续，特别是在当前国际货币体系存在严重痼疾之际，如何加快人民币汇率机制的改革，把人民币可兑换与国际化放在国际货币体系改革的大环境中去思考、去行动。为此，该书不仅深入探讨研究了相关理论问题，而且提出了详尽的具有现实价值的对策建议。我认为，这是一部具有理论性、政策性和实践性的金融力著。

当前国际竞争的重心已经逐步从实体经济向虚拟经济，从制造业领域向高科技、服务业领域转化，尤其是向金融业转化，金融和货币的博弈已成为国际博弈的重中之重。从中国在联合国安理会的表现来看，在外交和国际政治领域，中国已经可以恰当地利用现行国际体系的制度规则来维护中国的国家利益。然而，在国际金融领域，我们的经验和积累还远远不够。在国际货币舞台上还远不能做到得心应手、游刃有余。从长远来看，我们需要做认真准备，凭借不断增长的实力“争夺话语权”，“改变游戏规则”。但从现阶段实际看，这一过程还相当遥远，有待时日。我们不能忘记，美国曾长期奉行“韬光养晦”的国策，即使在经济和军事实力都已超过英国后，仍然专注于国内事务。直到第二次世界大战结束以后，老牌的霸权者英国、法国和挑战者德国、日本两败俱伤，美国才从幕后走上前台，成为独步天下的世界霸主。这其中关键的关键，就是美国具有雄厚扎实的综合实力和一流的人才以及学术储备，是一个名副其实的经济金融大国和强国。相比之下，中国的综合实力，人才储备、学术储备，至今离金融大国、经济金融强国还有很大的差距。因此，中国现阶段亟待提高综合实力，期待更多的金融人才脱颖而出，特别是金融家有更多的金融大作问世。在此，我热烈祝贺并赞赏宋海同志的专著出版，期待他进一步为促进中国金融改革、发展、深化，作出更大的贡献，并能看到他更多的金融专著面世。

吴念鲁

2011 年春于北京

前　　言

2003年初，笔者出版了《金融全球化下的汇率制度选择》（以下简称《选择》）一书。《选择》研究以资本在国际间自由流动为核心的金融全球化对一国国内经济状况、政策制定以及与外部的经济联系所产生的影响，运用汇率制度理论的经典模型和改良模型，论证了在金融全球化下汇率制度中间形式的逐渐消亡及其向两极进行分化的趋向。探讨了固定汇率制由于频繁外部震荡的冲击而屡陷困境的内在原因，研究了浮动汇率制在利用自主货币政策应对外部冲击方面的比较优势，揭示了浮动汇率制盛行于当前世界经济金融舞台的内在必然性。

近年来，伴随着经济全球化的不断深入，金融全球化的脚步也在不断加快。虽然中国资本项目没有完全放开，人民币还不能完全自由兑换，但内外经济失衡的加剧促使中国不断加快人民币汇率制度改革和国际化的步伐，尤其是2007年美国金融危机爆发以后，我们更清晰地看到，发达国家与新兴经济体之间的“金融恐怖平衡”对后者是非常不利的，在这场残酷的博弈中，如果新兴经济体和发展中国家不改变对核心货币的依赖，不仅无法分享经济全球化带来的收益，还要一次又一次为发达国家经济进程中的错误买单。

这次危机虽然发源于美国，但量化宽松的货币政策使美国国内的问题很快转移到全球；美元汇率非但没有因为金融危机的深化和扩展而走低，反而呈现出上扬势头。这是美元双重身份决定的，即美元既是主权货币又是国际货币。

经过改革开放三十多年的发展，中国积累了一定的经济实力，金融体制改革和金融开放也在逐步推进。在看到改革开放三十多年巨大成就的同时，我们必须清醒地认识到，中国仍然是一个发展中国家，人均 GDP 排列在世界 100 名之后，劳动力总体素质不高，科技创新总体能力不强，更缺乏企业成长的制度环境和优秀的企业家队伍。现在还没有争夺人民币汇率定价权的决定性实力，目前，保持人民币汇率基本稳定是中国汇率政策的最优选择。因此，在今后相当长的时期内，中国必须是也只能是现行国际体系的接受者，而绝不能以现行国际体系挑战者的身份出现。

但是，不挑战国际货币体系并不等于自身不作为，更不等于一味退缩，如果我们不作为，下一轮金融危机的“灭顶之灾”可能就要落到我们头上。此次国际金融危机凸显了国际货币体系的弊端，国际社会意识到国际货币体系向多元化发展是解决国际货币体系弊端的必经之路，也使各国意识到国际货币体系向多元化发展的紧迫性。人民币有条件成为储备货币，尽管这条路很漫长、风险很大，但在这条路上中国可以减少对美元的过度依赖，会有更多的主动权。不选择这条路，人民币就会永远屈从于美元。从这个意义上讲让人民币成为国际货币、成为世界储备货币之一是中国的国家利益所在。

自 2005 年 7 月中国启动人民币汇率形成机制改革以来，人民币汇率实现双向浮动，弹性增强，与国际主要货币汇率联动关系明显，拉开了中国积极降低在对外贸易、跨境投资与外汇储备管理方面对美元的依赖程度的序曲。2008 年至今，中国已与韩国、中国香港、马来西亚、白俄罗斯、印度尼西亚和阿根廷等国家和地区签署了人民币双边本币互换协议。2009 年 2 月，《亚洲经济金融稳定行动计划》的签署以及 2009 年 5 月东盟“10 + 3”各国对东亚储备库出资份额的落实意味着区域货币合作取得了阶段性进展。2009 年 7 月 6 日，跨境贸易人民币结算试点的正式启动，标志着人民币国际化迈出了战略性的一步。2010 年 6 月 20 日，中国人民银行决定进一步推进人民币汇率形成机制改革，增强人民币汇率弹性。这一切，都表明人民币国际化把中国国际金融战略与国内金融发展有机联系在一起了，二者互相影响，互相促进。

历史经验表明，主权货币国际化不可能一蹴而就，人民币国际化是一个长期的过程，作为新兴经济大国，中国在推动人民币汇率形成机制改革过程中，将面临更加复杂的局面。如何研究和设计有效的人民币国际化道路，为中国未来经济增长创建一个有利的和可控的汇率机制，是当前极为紧迫的经济问题和政治问题。

本书延续了《选择》一书的理论框架，在当前全球经贸失衡的大背景下，探讨了中美汇率之争的实质，回顾了人民币汇改的历程，分析了人民币国际化进程中的汇率制度选择，并从境内外人民币流动及其风险控制、境外企业和个人如何对冲人民币汇率风险等方面探讨了如何规避人民币国际化的风险问题，并就人民币国际化进程与中国金融业的战略发展进行了深入探讨。

目　　录

第一章

全球经济金融体系失衡下的人民币汇率

改革开放以后，中国经济迅速发展，逐步从计划经济向社会主义市场经济转型，很快从短缺经济时代的供给不足过渡到“主流经济体系”共有的需求不足。由于美国操纵国际货币体系，控制着几乎所有重要资源、资产和商品的定价权，因此，尽管中国是世界制造业大国，但经济生产的利润被掌握生产链两头的国际资本和企业、被掌握定价权的国际金融寡头轻轻松松地掠夺走了，留给我们被污染的环境、被破坏的生态和一丁点儿少得可怜的“加工费”。其中，汇率是其重要的“魔棒”之一。本章将重点研究当代货币体系的形成和特征，研究中美汇率的实质以及汇率制度改革的历程等。

第一节　当前国际货币体系的形成和特征

在布雷顿森林体系解体后，国际货币基金组织于 1976 年 1 月在牙买加首都金斯敦举行会议，会议最后通过的《牙买加协议》奠定了当代浮动汇率体系的基础，它的主要内容包括以下几点：一是修订国际货币基金组织份额。其结果是发达国家的投票权与发展中国家比较相对减少。二是浮动汇率合法化。成员国可以自由选择汇率方面的安排，因而固定汇率制与浮动汇率制可以同时并存。三是“黄金非货币化”。废除黄金条款，实行“黄金非货币化”。《牙买加协议》树立了以美元为核心的现代国际货币体系。

一、美元霸权的新形式

《牙买加协议》确定的“美元与黄金脱钩”是国际金融史上一个非常重要的分水岭。它标志着国际金本位体制的终结，也标志着以美元为基础，或如美国著名学者迈克尔·哈德森（Hudson，2003，2005）所说的，以美国政府债券为基础的新的国际金融体制的建立。美元作为国际货币以及债务的最终支付手段，具有不可兑换性。这样，就无形中给美元的发行国——美国创造了几乎无限的金融政策空间：一方面，美国拥有发行美元的独一无二的权力；另一方面，它却又不承担美元兑换的责任。在这种体制下，外国政府对美国的贸易盈余不再能被兑换成黄金，而是以美元，或者更确切地说，是以美国政府发行的债券形式存在。这种债券只是美国政府对外国政府债务的一种承诺。这样，在金本位制度下伴随着一个国家贸易不平衡所发生的、以黄金为代表的资产转移（贸易赤字）或积累（贸易盈余），就演化成为一种美元债务或者以美国国库券为代表的债权的积累。

牙买加体系虽然取代了布雷顿森林体系，但美元霸权并没有随布雷顿森林体系本身的瓦解而终结。

一是布雷顿森林体系结束后，美元不再“等同于”黄金，从表面上看是美元地位的下降，不能维持与黄金的固定官价，但实际上却是美元地位的上升，因为美元取代了黄金的地位，美元直接成为世界财富的代表。美元作为世界货币，这本身就表明了它具有超越各国法律之上的霸权地位。

二是美元是国际主要储备货币、主要结算货币和主要外汇交易货币。20 世纪 90 年代后期，世界上五分之四以上的外汇交易用美元进行；有近一半的出口额以美元结算；各国官方储备中美元的比例从 1990 年的二分之一增加到 1999 年的三分之二。石油、铁矿石、有色金属等重要的能源和原材料都是以美元计价和交易的，小麦、大豆等农产品交易也主要采用美元。涉及美国的进出口几乎都是以美元结算，许多不涉及美国的进出口也使用美元结算。

三是美国可以无须承担汇率稳定的责任而选择自主的财政政策和货币政策。在布雷顿森林体制下，“双挂钩”机制要求美国有义务维持美元汇率的稳定。而在浮动汇率制时代，美国已经免除了这项义务。面对20世纪90年代开始不断增加的对外债务，美国仍然可以实施低利率政策，并在泡沫经济崩溃之后实施大规模的财政赤字政策。

四是美国仍然可以利用外围国家实施“追赶型”发展模式的特点推行“入不敷出”的经济政策，把调整经济失衡的负担转嫁给其他国家。

二、对“新特里芬两难”的认识

“特里芬两难”又称为“信心与清偿力两难”，是由著名国际金融专家罗伯特·特里芬提出的，指布雷顿森林体系存在着无法克服的内在矛盾——在布雷顿森林体系下，美元作为主要的国际储备和支付货币，如果美国的国际收支保持顺差，则会发生美元供不应求的短缺现象；如果美国的国际收支长期保持逆差，那么就会造成美元泛滥，进而导致美元信用下降和布雷顿森林体系的动摇。在现有的国际货币体系下，美元虽然不再拥有布雷顿森林体系下的地位，为了满足世界经济和国际贸易增长的需要，美元作为最主要的贸易、投资和储备货币，必须保证供给。要增加美元的供给，美国的经常项目逆差必须增加，这可能会引起美元的贬值，影响人们对美元的信心。因此，“特里芬两难”仍然存在，只是表现方式不同而已，可以称为“新特里芬两难”，即美国的经常项目逆差不可持续。

“特里芬两难”的存在需要两个前提条件。首先，美元必须是可兑现的货币，否则美国政府没有兑现美元的义务，美元的发行也就不受其黄金储备的制约。其次，存在另一种价值比美元稳定的国际储备，否则世界各国只能用美元购买美国商品，却无从进行储备的转换。当前的美元霸权地位无可替代，"新特里芬两难"在相当长的时期内不会出现。[①]

一是美元的发行不受美国储备的制约。美元是美国政府发行的信用货币，美国政府总是把国内经济均衡置于国际经济均衡之上来考虑。当美国出现国际收支逆差时，美国政府显然会选择增发美元来对外支付，不会采取可能危及国内就业和增长的紧缩政策。外国政府虽然拥有对美国的贸易盈余，但不能向美国要求兑换黄金，只能以美元或美国政府债券的形式保留下来。因此，美国长期国际收支逆差的结果，不是黄金等储备资产的外流，只是美国债务的积累；而其他国家长期国际收支顺差的结果，也不是黄金等储备资产的流入，只是对美国债权的积累。

二是没有可以替代美元的国际储备资产。当今世界可能用于储备的资产无非是黄金、石油和外汇。黄金已经非货币化，而且其世界产量远远跟不上世界经济增长的速度。如果世界各国把美元用于购买黄金储备，结果只会使黄金的价格迅速上涨，等于是把财富转让给美国、瑞士等黄金储备大国和南非、俄罗斯等黄金生产大国。石油虽然是重要的战略物资，但并不是合适的国际储备。因为石油的价格波动频繁，受产能和需求的影响很大，储藏成本很高。更重要的是石油不能直接用于国际支付，缺乏储备资产所必需的流动性。如果各国把大量的美元储备置换成欧元，必将造成外汇市场上美元贬值、欧元升值，相当于低价卖出美元、高价买入欧元，结果是各国储备价值缩水，对人对己都没有什么

① 姚大庆："美元霸权体系下的人民币汇率政策研究"，复旦大学博士论文，2007 年 10 月。

好处。

三、关于美元债务的扩张

美元债务的扩张是美国对全球资源的占有，而其他国家对外债务的扩张则是一种负担。只要债权国不同时要求偿还债务（把美元资产转换成实物资产或其他货币资产），美国就不会面临较大的债务问题，债务规模可以继续增加。实际上，这些持有美元外汇储备的国家在与美国博弈过程中一直处于劣势。如果这些国家都卖出美国债券，美国债券价格会大幅度下跌，受损失的是这些储备货币国家，这些国家被绑架在美国的利益上。虽然这些国家持有的是美元资产，但是美国的宏观经济政策是这些国家所不能左右的。一旦美国采取滥发货币的政策刺激经济（如此次金融危机美国就是这样），其他国家无能为力，美国利用美元的国际货币地位可以把风险转移给其他国家。由于美元长期形成的国际货币的垄断地位，目前其他国际货币还无法和美元抗衡，拥有储备资产多的国家也无法调整储备结构。美国也正是看到这一点，它才敢有恃无恐地滥发货币。如果一些国家不愿意持有美元资产，调整其他货币的资产，但是其他货币资产风险仍然较高，最终可能仍然会选择美元资产，难以动摇美元的国际地位，这是长期形成的美元统治地位所决定的。世界经济对美元的依赖并没有削弱，对美元的过度依赖导致全球经济结构的失衡，美国可以消费世界上更多的产品，导致全球经济的振兴依赖于美国经济需求的增加，从货币依赖变成了实体经济依赖，以至于全球经济发展寄希望于美国，而美国经济的问题就变成了全球经济的问题。由于美元是国际主导货币，美国的债务就变成了世界的债务，由世界人民共同承担；其他国家持有的美元资产越多，受美国经济的影响也越大。

第二节　中美汇率之争的实质

汇率问题是一个货币金融问题，也可能是一个贸易问题，更可能是一个政治问题。由于人民币不是国际结算货币，并且人民币在美元的汇率决定中权重有限，所以对美国而言，人民币并不是一个货币金融问题。①

一是人民币近年来持续升值。2005 年 7 月 21 日中国启动了人民币汇率改革，到 2008 年中一直保持升值趋势。在此期间，人民币累计对美元升值 17% 左右，之后开始处于冻结状态；而同期人民币名义有效汇率（NEER）也大幅升值 12%，并且升值趋势一直延续到 2009 年初。但另一方面，无论是中国对美国的出口总量，还是中国对美国的贸易顺差，在这几年中都保持了强劲增长。2008 年，中国对美国的出口总额和贸易顺差，均比 2005 年增加了 50% 左右。这个事实表明，人民币对美元的升值，不是解决中美贸易失衡的充分条件。

二是 2008 年末，美国次贷危机全面爆发，人民币对美元汇率也一直保持冻结状态。人民币名义有效汇率指数在 2009 年末比年初贬值了约 6.2%。相反，在这段时期人民币—美元双边汇率冻结，名义有效汇率指数贬值的情况下，2009 年中国的出口总额和贸易顺差却分别取得了 12% 和 16% 的负增长。这表明，人民币对美元的升值，不是解决中美贸易失衡的必要条件。

---

① 徐奇渊：“中美汇率之争货币问题还是贸易问题?”，载《中国经济报告》，2010 年。

三是人民币对美元升值导致中国对美国出口的萎缩，不能解决美国的贸易失衡问题。从国际收支恒等关系来看，只要美国政府继续保持巨额财政赤字、美国居民继续维持现有的高消费—低储蓄模式，则美国必然需要进口国外的商品，来弥补国内总供给的缺口，从而维持贸易赤字的状态。而人民币对美元的升值，将有可能把中美贸易失衡转化为美国与其他经济体的贸易失衡。因此，迫使人民币对美元升值，无论从短期看，还是从长期看，均无助于美国贸易问题的解决。

中美经济结构有很大差异，美国就业主要依赖于服务业，而压制中国的出口（制造业），对于解决美国 1 500 多万人的失业问题是很不现实的。迫使人民币对美元升值，将弱化中国进口商品对美国通胀的抑制作用。中美汇率之争对中国而言可能是一个贸易问题；但对美国而言，人民币汇率不应该是一个贸易范畴的问题。①

四是人民币汇率问题一直被美国认为是一个贸易问题的关键是政党政治作用。在美国的政治生态当中，选举却是一个自下而上的过程，选民的倾向最终决定了民主党或共和党在总统大选中的成败，以及参、众两院中席位的多寡。这样，由于某些利益集团在选举过程中有重要的影响力，对作为被选举人的国会议员展开积极的游说——从而有可能出现“屁股指挥脑袋”的现象，把一个从整体和长远来看不应该是问题的问题变成了问题。

例如，2009 年 9 月美国政府决定对从中国进口的相关轮胎种类实施三年的惩罚性关税。对于这一涉及出口金额约 22 亿美元

① 徐奇渊：“中美汇率之争货币问题还是贸易问题?”，载《中国经济报告》，2010 年。

的轮胎特保案，“美国钢铁工人联合会”起到了重要作用，该工会组织在美国和加拿大拥有会员人数达85万人之众。此外，还有46家美国产业工会、农业行会和工业行会结成了“公平货币联盟”（Fair Currency Alliance，FCA），该组织的目标就是向国会和政府施压，促使人民币升值。

第三节 人民币汇率制度的沿革

汇率制度是一国货币当局对本国汇率变动的基本方式所做的一系列安排和规定。在当今的牙买加体系下，汇率制度可以分为完全自由浮动汇率制度、有管理的浮动汇率制度、按通胀等指标调整的浮动汇率制度、爬行钉住汇率制度以及复合汇率制度。本节将以改革开放以来宏观经济、微观市场结构的演变为背景，阐述人民币汇率制度改革演进的内在逻辑；并以经常项目、资本项目以及外汇市场的发展作为拓展，对人民币汇率制度沿革的情况进行全面的分析。

一、总体状况

改革开放以来，人民币汇率制度经历了以下三个大的发展阶段：第一阶段为1981—1993年汇率的“双轨制”时期。第二阶段为1994—2005年，这一阶段又可以分为两个时期：1994—1996年，人民币双重汇率并轨并实现“单一汇价”和有管理的浮动汇率制度；1997年至2005年7月，事实上是实行了钉住美元的汇率制度。第三阶段，从2005年7月21日汇率制度改革至今，实行了参考一篮子货币进行调节的浮动汇率制度，其间由于受到国际金融危机的影响，从2008年下半年至2010年6月汇率水平重归相对稳定的状态；直到2010年6月19日重启汇率制度改革，开始了进一步的汇率弹性化改革（见图1.1）。

从图1.1来看，改革开放以来人民币对美元汇率水平呈现出的总体贬值，以及实际有效汇率的整体贬值趋势。而同期中国经济增长速度、劳动生产率提高均在世界经济中位于前列。

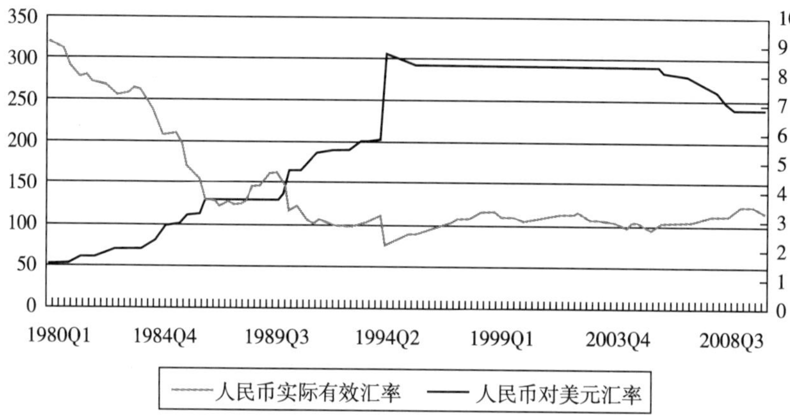

资料来源：IMF，IFS Online，2010。其中，1981—1993年存在汇率的双轨制情况，图中给出的数据是官方汇率的情况。

图1.1　改革开放以来人民币对美元汇率

二、“双轨制”：1981—1993年

这一时期又可以划分为两个时段：1981—1984年，官方汇率和贸易内部结算汇率共存的“双轨制”时期，以及1985—1993年，官方汇率和外汇调剂市场汇率共存的“双轨制”时期。

（一）官方汇率和贸易内部结算汇率共存：1981—1984年

这一时期的汇率制度双轨制，主要体现为官方汇率和贸易内部结算汇率的并存。其中，贸易内部结算汇率仅适用于出口贸易的结算，而官方汇率则适用于进口和服务贸易等交易内容。由于

贸易内部结算汇率，即出口贸易结算使用的汇价一直低于官方汇率，因此，这种汇率的双轨制安排实际上是出于“鼓励出口，抑制进口”的考虑。这与处于改革开放初期的时代背景有关：当时政府通过分权措施，打破了原有计划体制下外贸专营权的行政垄断，降低了进出口企业的准入门槛，同时这些外贸企业也成为了自负盈亏的市场经营主体。当时的人民币汇率处于严格管制之下，其汇率水平存在比较严重的高估，这不利于外贸企业发展进出口贸易。在改革开放初期，中国需要引进大量的国外先进技术和产品，由于创汇能力与用汇需求相比存在“瓶颈”，出现了外汇资金短缺的现象。因此，在这样的约束条件下，政府决定对人民币汇率制度进行调整。最后的改革措施是一种折中的做法，考虑到了各部门利益之间的协调，采取了汇率双轨制，这种汇率是基于“出口换汇成本”计算得到的。1978 年按照测算先计算出 1 美元的出口换汇成本，然后再加上给出口企业预留 10% 的利润空间，从而决定内部结算价格为 2. 8 元人民币/美元。在当时的国际收支构成当中，资本流动规模非常小，因此，这两个汇率可以粗略的看做是分别针对进口、出口贸易的汇率双轨制，体现了政策对出口和进口的不同政策导向。汇率的双轨制正是转轨经济的重要特征，既包括资源在贸易部门和非贸易部门之间的流动，也包括资源配置方式从计划体制向市场体制的过渡（金中夏，1996）。

这一阶段人民币汇率制度的主要特点有：第一，双重汇率（出口贸易结算汇率和官方汇率）并存。第二，汇率双轨制以及资本项目的管制方式都反映出人民币汇率存在一定的贬值压力。在这一时期，事实上官方汇率也被逐步调低（见图 1. 1），到 1984 年的时候，两种汇率水平的价格已经非常接近。甚至到

1985 年初两种汇率实现了事实上的并轨，两种汇率都采用了出口贸易结算 2.8 元人民币/美元的汇价，而在名称上取消了内部贸易结算汇率，统一称为官方汇率。第三，在不改变官方汇率的情况下，主动按照出口换汇成本计算，调低人民币的内部贸易结算汇率，体现出了鼓励出口、抑制进口的新政策导向。当然，这一新的出口使用的贸易结算汇率，也是根据“换汇成本”计算出来的，而不是由市场供求关系决定的，反映了当时的汇率双轨制也具有计划经济的色彩。

（二）官方汇价和外汇调剂市场汇价共存：1985—1993 年

1981—1984 年的汇率双轨制，即贸易内部结算汇率和官方结算汇率并存，带来了两个历史遗留问题，导致了 1985 年之后的汇率制度改革。第一，由于 2.8 元人民币/美元的贸易内部结算汇率也是根据出口换汇成本计算得到的，具有典型的计划经济色彩，因此，尽管在 1985 年两种汇率水平实现了并轨，但是用汇缺口仍然存在，人民币汇率贬值的压力仍然较大。第二，出口企业和进口企业分别使用贸易内部结算汇率和官方结算汇率进行贸易，由于两种汇率并不一致，而且企业的外汇调剂交易受到严格限制，外汇余缺调剂手段缺乏，因此进口企业外汇缺口严重的结构性问题比较突出。上述两个问题决定了 1985 年开始的汇率制度改革沿着两条主线进行：其一，外汇调剂市场的建立使得市场供求关系对汇率价格的影响逐渐上升；其二，人民币汇率水平出现了进一步贬值。

自 1988 年 3 月开始，全国各地普遍开设了外汇调剂中心，放开了外汇调剂市场的汇率价格。这样在外汇调剂市场上就形成了外汇的供给方（出口企业）与需求方（进口企业）。同时，外汇调剂市场的汇率成交价格与官方汇率也出现了不一致，由此形成了新时期的“汇率双轨制”。在此过程中，反映市场供求关系的外汇调剂市场交易份额逐渐上升，而同期官方汇率对应的交易量逐渐下降，因此，市场供求关系对汇率的决定作用越来越明显。这就为日后汇率制度的进一步改革奠定了基础。但这时的外汇调剂市场与真正的外汇市场还有很大的差异，首先，外汇调剂市场交易者是中国的进出口贸易企业，少有国内金融机构和外国机构的参与；其次，外汇调剂市场仍然是以外汇留成制度为前提的，只是为当时解决用汇矛盾而设立的调剂平台。不过，在当时的历史条件下，外汇调剂市场仍然在发现汇率价格的市场水平方面起到了积极的作用，是汇率制度沿革中的重要制度尝试。

1985—1993 年汇率制度经历了渐进性的转变。在整个时期官方汇率和外汇调剂市场的汇价并存，但在不同阶段两者的主导地位发生了转变。初期官方汇率在外汇市场占有主导地位；之后随着外汇调剂市场的完善，汇率制度中市场因素的影响逐步扩大。1993 年外汇调剂市场的外汇交易份额达到近 80%。这也反映了外汇调剂在人民币汇率决定作用中的主导地位已基本确立。在这一时期，官方汇率总体上经历了从固定汇率到进一步被调低的过程，并逐步向外汇调剂市场的汇价靠拢。

三、“单一汇价”和有管理的浮动汇率：1994—2005 年

1981—1993 年人民币汇率实行的双轨制没有解决以下问题：第一，双重汇率机制作为一种典型的过渡机制，反映了计划与市场的双轨运行，在长期执行中出现了很多问题，尤其是为寻租活动提供了空间，并在一定程度上导致了市场秩序混乱。第二，在汇率双轨制的实行过程中，市场的影响程度逐渐加大，但仍未形成真正意义上的外汇市场，例如，外汇调剂市场还受到了外汇留

成制度的约束，并且经常项目、资本项目的自由兑换均受到了严格管制。第三，由于前述非市场因素的扭曲，人民币汇率高估仍然在一定程度上存在，汇率具有贬值压力。

因此，这一时期的人民币汇率制度改革的主要思路体现为：双重汇率的并轨，外汇市场的建立和完善，以及人民币汇率水平的重估。不过由于1997年东南亚金融危机的冲击，人民币汇率制度改革进程受到了影响。当时人民币汇率在外汇市场面临贬值压力，但是为了避免东南亚国家集体陷入无止境的“囚徒困境式”的竞争性贬值，中国主动承诺人民币汇率不贬值，在国际上树立起了负责任大国的形象。此后，汇率制度在名义上仍然为有管理的浮动汇率制度，但是由于中国不贬值的承诺，以及当时中国出口压力较大，难以承受汇率升值的压力，因此，这一时期的人民币汇率在事实上呈现出缺乏弹性的特点。这一阶段以1997年为界可以分为两个阶段。

（一）汇率并轨和有管理的浮动汇率：1994—1996年

1993年12月29日，中国人民银行公布了《关于进一步改革外汇管理体制的公告》，宣布从1994年1月1日起对外汇体制进行重大改革。其重要内容有：（1）人民币官方汇率与外汇调剂市场汇率并轨。并轨后的人民币汇率实行以市场供求为基础的、单一的、有管理的浮动汇率制度。（2）取消外汇留成制度，实行银行结售汇制度，允许人民币在经常项目下的有条件可兑换。（3）取消强制性外汇计划，允许外汇使用者凭有效进口单据从指定银行购买外汇。（4）取消任何形式的境内外币计价结算，禁止境内外币流通和指定金融机构以外的外汇买卖，停止发行外汇券及其流通。（5）建立银行间外汇市场，形成全国统一的银行间外汇交易市场。此外，从1994年1月1日开始，人民银行还规定以 1 美元兑换 8.72 元人民币作为全国统一的人民币市场汇率牌价，该汇率水平比 1993 年末 5.7 元人民币/美元贬值了 30% 以上。这一汇率重估的水平是经由事前缜密的调研而决定的，不但没有引起市场的恐慌，还在之后的几年中渐进地升值约 5%。

随着人民币汇率重估和汇率制度改革的逐步到位，经常项目在 1994 年之后持续多年实现了盈余，由于汇率重估消除了贬值预期，资本项目的资金流入数量也逐步增多。这些都促成了外汇储备的快速增长。到 1996 年前后，中国外汇储备已经增加到了 1 400亿美元以上，经常项目也连续多年维持在顺差状态，外汇短缺的状态逐步被外汇超额供给状态所取代。在此过程中，经常项目完全自由可兑换的条件日益成熟，此时外商投资企业的经常项目外汇交易问题被提到了议事日程上来。自 1996 年 3 月起，中央政府在上海、深圳、江苏、大连四个地区进行了外商投资企业的结售汇试点，与当时的宏观经济背景一致，试点的结果总体上也是外汇供给大于需求。1996 年 7 月，在试点获得成功的基础上，中国人民银行决定将外商投资企业纳入到银行的结售汇体系，从而使人民币从经常项目下的部分可兑换向完全可自由兑换过渡。1996 年 11 月 27 日中国人民银行行长戴相龙致函国际货币基金组织，宣布中国从 1996 年 12 月 1 日起正式接受《国际货币基金组织协定》第八条款，从而最终实现了人民币经常项目的自由可兑换。

（二）事实上盯住美元：1997 年至 2005 年 7 月

在 1997 年到 2005 年 7 月这一时期，人民币汇率形成机制的改革进程受到了东南亚金融危机的冲击，出于审慎的考虑，汇率形成机制的改革进入了艰难的抉择期。在此背景下，人民币汇率形成机制在稳定宏观经济的前提下，仍然在微观层面获得了进一步的推进。由于这一阶段人民币汇率在事实上长期盯住美元而缺乏弹性，在国际、国内经济形势发生改变的情况下，人民币汇率的市场预期由高估（对应贬值压力）逐渐转化为低估（对应升值压力）。这一缺乏弹性的汇率持续了八年左右，对国际市场的资源配置造成了一定的扭曲作用，形成了以下问题：外部经济方面，国际收支失衡严重，外汇储备规模急剧上升。2005 年中国贸易顺差已经超过了 1 000 亿美元，外汇储备超过了 8 000 亿美元。国际收支失衡问题的压力逐步显现。在生产要素价格扭曲以及汇率低估的共同作用下，这一时期的出口企业获得了快速的扩张。但是，由于存在前述扭曲，这种快速发展是以资源环境受到破坏、不可贸易品部门的发展遭受挤压为代价的。其结果直接影响到中国经济在长期的可持续发展。上述矛盾的日益积累，直接导致了 2005 年 7 月 21 日的汇率制度改革。

四、参考一篮子货币的浮动汇率：2005 年 7 月至今

（一）参考一篮子货币的汇改初期：2005 年 7 月至 2008 年 7 月

中国人民银行在 2005 年 7 月 21 日宣布对人民币汇率制度进行重要改革，经过这次改革，人民币汇率形成机制的市场化程度进一步加深。这次改革的具体内容包括：（1）实行以市场供求为基础、参考一篮子货币进行调节、有管理的浮动汇率制度。（2）将当日人民币交易价格调整为 1 美元兑换 8.11 元人民币，升值幅度约为 2%，并将其作为次日外汇交易中间价。2006 年 1 月，中国人民银行还在银行间外汇市场引入了询价交易方式和做市商制度，人民币汇率中间价改由 15 家做市商报价产生，这些做市商不但有中资银行，还包括一部分外资银行。

这一轮改革的指导原则是：主动性、可控性和渐进性。但是这三者的关系并不是完全一致的：过于强调渐进性原则在外汇市场上造成人民币汇率升值单边预期，从而鼓励国内外投机者的无风险套利活动。最后的结果就是这种渐进性以主动性甚至可控性为代价。在当时的改革过程中，政策对渐进性的偏好就在市场上形成了人民币汇率持续升值的单边预期，这使得大量热钱涌入。热钱流入的直接后果使国内流动性过剩问题更为严重，资产价格受到强劲推升。为了维持货币政策的有效性以及宏观经济形势的稳定，中国采取了“疏”、“堵”结合的方式进行管理。“疏”对应鼓励中国企业、机构对外投资，从而减少资金流入的压力；“堵”则是对国际热钱流入的严格管控。

在“疏”的方面，自 2006 年 7 月 1 日起，国家外汇管理局对境外投资的外汇管理政策进行了调整，通过消除各分局的购汇额度来促进境外投资。2007 年中，国家外汇管理局（以下简称外汇局）还出台了《合格境内机构投资者境外证券投资管理试行办法》、《关于开展境内个人直接投资境外证券市场试点的批复》，这些管理办法在资本项目管制的背景下，减少了境内居民对外国证券市场进行投资的一些约束，推动了中国对外的直接投资和间接投资。

在“堵”的方面，中国也采取了两个方面的措施：其一，对热钱的流入渠道进行严格管理。从国际收支平衡表来看，热钱流入的渠道有经常项目渠道（主要是贸易渠道）以及资本和金融项目渠道。在贸易渠道方面，外汇局于 2006 年颁布了《关于进一步改进贸易外汇收汇与结汇管理有关问题的通知》，对某一时期内贸易项下收汇出现异常的企业进行特别关注；在资本和金融项目方面，外汇局在 2007 年大幅压缩金融机构短期外债余额比例的标准，通过这种方式将以短期外债形式流入境内的一部分热钱挤回到境外。其二，对国际资本流入的用途进行监管。2008 年，外汇局和商务部、海关总署联合推出了《出口收结汇联网核查办法》，重点监管出口收汇和结汇应当具有真实的交易背景。同时，2008 年新颁布的《中华人民共和国外汇管理条例（修订）》，特别强化了对资本流入的用途监管。该条例授权外汇管理机关对资本项目外汇及结汇后人民币资金的使用和账户变动情况进行监督检查。

经过这一时期的汇率升值，人民币兑换美元汇率升值幅度累计达到了 17% 左右，人民币对美元的低估状态得到了实质性的改变。不过如前文所述，这一时期人民币汇率制度改革的教训是：出于宏观经济稳定性的考虑而对渐进性的过于关注，而造成了外汇市场上的人民币单边升值预期以及热钱流入，这使得汇改本身的可控性和主动性在一定程度上受到了影响。

（二）参考一篮子货币的汇改冻结期：2008 年 8 月至 2010 年 6 月

2008 年 9 月，以雷曼兄弟的破产和房利美、房地美被美国政府接管为标志，美国次贷危机全面爆发并升级演变成为全球性金融危机。此时，由美国金融机构去杠杆化操作导致的海外投资资金向美国回流。在东南亚国家，出口大幅下降带来的政策压力，使得这些国家的货币又出现了较大范围的贬值（见图 1.2）。在这一时期，人民币汇率也同样面临贬值压力。在 2008 年末和 2009 年初，与即期汇率相比，人民币无本金交割远期外汇（NDF）市场 12 个月的人民币远期汇率贬值预期一度高达 8% 左右（见图 1.3）。中国再次承受住巨大压力，维持了人民币汇率水平的稳定，为国内宏观经济稳定和国际金融稳定做出了贡献。

在2009年上半年，NDF市场的人民币汇率贬值预期迅速逆转为升值预期，但人民币的名义汇率仍然在6.82水平附近与美元保持了紧密的联系。

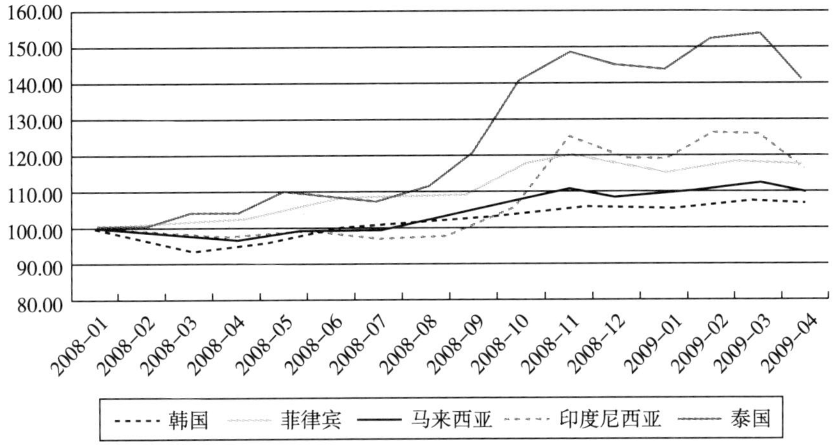

资料来源：IMF，IFS Online，2010.

图1.2　2008年末到2009年初东亚国家货币出现了不同程度的贬值

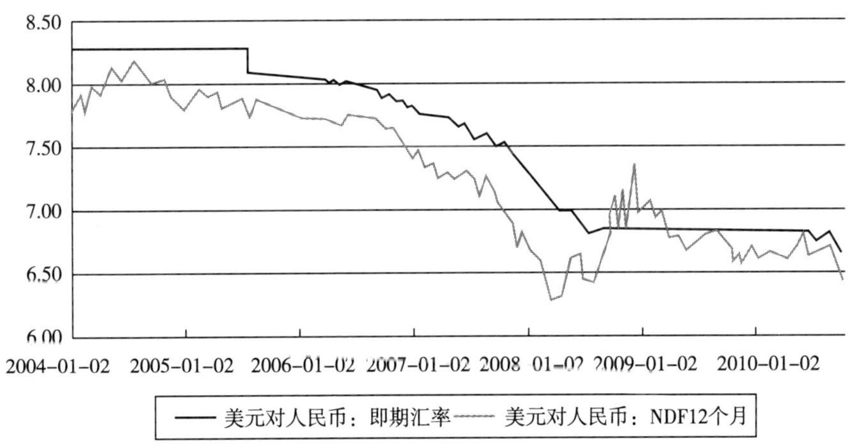

资料来源：路透，CEIC，2010。

图1.3　人民币的名义汇率和NDF市场的远期报价

在全球金融危机的背景下，中国积极参与国际政策协调，加强对资本项目的外汇管理。自 2008 年末至今，中国人民银行相继与韩国、马来西亚、白俄罗斯、印度尼西亚、阿根廷、冰岛、新加坡等国的中央银行以及中国香港特别行政区金融管理局（HKMA）签署了等值 8 035 亿元人民币的 8 份货币互换协定，互换的有效期延长至 3 年。2009 年初，中国还先后向俄罗斯、巴西提供了 250 亿美元和 100 亿美元的贷款；同时，两国向中国以市价提供石油。此外，中国在 G20 伦敦峰会上也开始考虑以较大力度参与国际货币基金组织的增资计划。自 2009 年 6 月 1 日起，外汇局对部分资本项目外汇业务审批权限进行了调整，进一步下放了外汇业务的审批权限，简化了行政审批手续和程序，促进了投资和贸易的便利化。

（三）参考一篮子货币的汇改重启时期：2010 年 6 月 19 日至今

2010 年 6 月 19 日，中国人民银行宣布，在 2005 年汇改的基础上进一步推进人民币汇率形成机制改革，增强人民币汇率弹性。这次汇率改革与 2005 年 7 月的汇改相比有三个重要特点：第一，本次汇改的时机选择非常有利。在 2010 年初，人民币 NDF 远期汇率报价与即期汇率相当接近，这说明当时人民币面临较小的升值压力。因此，这一汇改时点的选择是非常有利的。第二，与 1994 年和 2005 年两次汇改相比，本轮汇改没有进行一次性的汇率水平重估。这表明本次汇率改革与汇率水平的变化方向并没有直接的联系，从而减弱了市场对人民币的升值预期。第三，从事后的情况来看，人民币汇率的双向波动特征非常明显。以 2010 年 6 月 19 日之后的 50 个交易日为例：其中汇率升值的交易日天数与汇率贬值的天数大体相当，而且最大单日贬值幅度和最大单日升值幅度也大体相当。可见，本轮汇率制度改革的主要导向是增强汇率水平变化的弹性，尽量淡化人民币升值预期。

但是，在欧美经济复苏乏力、失业率维持高位徘徊的情况下，人民币汇率再次感受到升值压力。尤其是美国正试图通过双边和多边的渠道对中国施加压力。这些外部压力是中国汇率制度改革中的干扰因素。我们应该完全从中国经济长远、可持续发展的角度出发，尽量不受外部压力的干扰，做出正确的经济决策。

第二章

货币国际化的经验

人民币汇改和国际化离不开美元为主导的国际货币体系这一大环境。从现实的角度来看，改变美元主导国际货币体系主要有三种方式：一是用新的国际储备货币或超国家的储备货币替代美元。二是建立多元化的国际货币体系，建立相互制约、相互竞争的国际货币关系，削弱美元的霸权地位，使投资者有更多的选择。三是建立全球单一货币体系，各国货币退出流通。

不管采取哪种形式改革国际货币体系，推动货币国际化与增强本国在国际货币体系中的话语权都是国家利益最切实的体现。积极推进人民币的汇率形成机制改革，是稳健推进人民币国际化的前期准备。本章将重点研究货币国际化的经验和必需条件。

第一节　货币国际化的含义和条件

马克思指出，货币一越出国内流通领域，便失去了在这一领域内获得的价格标准、铸币、辅币和价值符号等地方形式，又恢复原来的贵金属块的形式。Cohen（1971）最早从货币职能角度定义国际货币，他认为国际货币的职能是货币国内职能在国外的扩展。当私人部门和官方机构出于各种各样的目的将一种货币的使用扩展到该货币发行国以外时，这种货币就发展到国际货币层次。Hartmann（1998）认为当一国货币被该货币发行国之外的国家的个人或机构接受并用做交换媒介、记账单位和价值储藏手段时，该国货币国际化就开始了。由于商品和资本市场的一体化，目前多数工业化国家的货币在某种程度上都国际化了。然而，这些货币的国际化程度却有相当大的差异。只有少数几种货币执行着多重的私人职能和官方职能。由于交易成本和外溢效应的存在，通常只有一种主要的国际货币执行着比其他国际货币大得多的职能。

一、货币国际化的含义

Tavlas（1997）认为当一种货币在没有该货币发行国参与的国际交易中充当记账单位、交换媒介和价值储藏手段时，该货币就实现了国际化。蒙代尔（Mundell，2003）则从狭义和广义角度给予了货币国际化以较为详尽的解释，他认为货币国际化是指一种货币的部分职能或者全部职能（包括计价、流通、支付、储备等职能），从一国的适用区域扩张至周边国家、国际区域乃至全球范围，最终演化为全球通用货币的动态过程。从广义角度看，货币国际化不仅包括货币职能的国际化，还包括货币作为资本的信贷、投资职能的国际化，即货币作为资本获得利润的投资职能从一国的适用区域或原使用区域扩张至周边国家、国际区域乃至全球范围的动态过程。

从货币流通的区域来看，货币国际化可以划分为区域国际化和全球国际化两个阶段，在区域国际化阶段，货币流出该货币的发行国，仅仅在一定的区域内流动；在全球国际化阶段，货币在国际范围内被普遍接受。从所执行的货币职能来看，货币国际化可以划分为部分职能的国际化和全部职能的国际化，货币部分职能的国际化只是处于初级阶段的货币国际化，而全部职能的国际化则是处于高级阶段的货币国际化。

二、货币国际化的条件

（一）货币国际化的政治条件

英镑的国际化是在英国全球殖民贸易的背景下完成的。美元的国际化则是因为两次世界大战使得受到重创的欧洲在政治上形成了对美国的依赖，由此确立了美国最大资本主义国家的地位，并通过国际货币协议的安排而最终完成的。相对说来，欧元和日元的国际化有着比较独特之处，前者是通过欧元区各国的政治经济联合，增强了其国际上地位，进而演化为国际货币的；而后者则是由于日本经济规模的扩大和外向型经济的特点，逐步演化为国际货币的。

从英镑、美元和欧元、日元的国际化过程来看，货币国际化的政治条件可以概括为：一是在国际上有着较强的政治地位，可以得到较多国家的支持，有着较强的话语权。二是在国际社会的演变过程中，发生了重大事件，造成政治格局和经济格局的变化，总体来说，在政治和经济两种条件中，经济条件仍占据主导地位，而政治条件则具有相应的辅助作用。

（二）货币国际化的经济条件

国际货币基金组织根据世界主要国家货币国际化的历史经验认为，货币国际化应具备四个条件：一是宏观经济的相对稳定和有效调控；二是较高的经济发展规模和开放程度；三是充足的国际清偿手段；四是合理的汇率和汇率体制。

目前，研究者对货币国际化条件的经济条件的研究，主要包括以下内容（见表2.1）。

表 2.1　　国外研究者对于货币国际化经济条件的认识

研究者	经济条件
Bergsten（1975）	可兑换性信心、流动性比率、国际收支结构、经济增长、价格稳定、经济规模、货币政策、金融市场。
Krugman(1980,1984)	交易规模及由此引致的交易成本、经济规模、国际贸易规模、国际借贷等。
Matsuyama，Kiyotaki and Matsui（1993）	经济规模、经济一体化程度、经济的开放度。
Tavlas（1997）	最优货币区理论中的条件是货币国际化所需条件：通货膨胀、贸易一体化、金融市场。
Hartmann（1998）	国际出口和直接投资中的主导地位、制造业的比较优势、金融市场、通货膨胀率、汇率。
Kenen（1988）	货币供给条件、金融市场自由化。
Dwyer Jr. and Lothian（2002）	货币币值、通货膨胀率、贸易规模、金融市场。
Bacchetta and Wincoop（2002）	市场份额、产品差异程度。
Mundell（2003）	货币流通区域规模、货币政策、货币流通的管制程度、货币的兑换性。
Menzie Chinn and Jeffrey Frankel（2007）	经济总量、通货膨胀率、汇率。

第二节　美元的国际化

美元的国际化历程具有自身的特点，美元国际化带来的国内和国际影响具有深远的学术意义和借鉴意义。

一、美元国际化的四个阶段

（一）美元取代英镑成为强势货币（两次世界大战期间）

两次世界战争给美国经济带来了飞速的发展。第一次世界大战使参战国受到重创，但美国在战争初期的中立态度使本土经济未受到破坏，甚至还通过战争经济的发展，拥有了大量的黄金储备。图 2.1 和图 2.2 为第一次世界大战前后美国经常账户余额和净黄金流入情况。

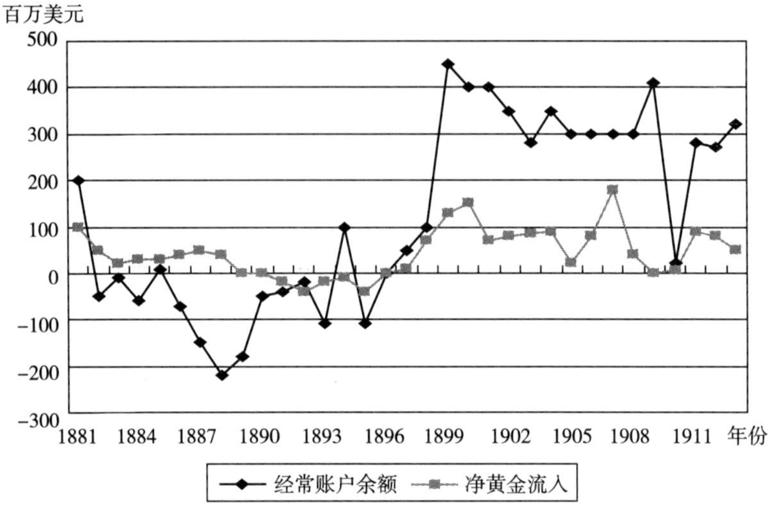

资料来源：U. S. Bureau of the Census, Historical Statistics of the United States, Colonial Times to 1970 (Washington D. C. , 1976).

图 2.1　美国经常账户余额和净黄金流入（1881—1913 年）

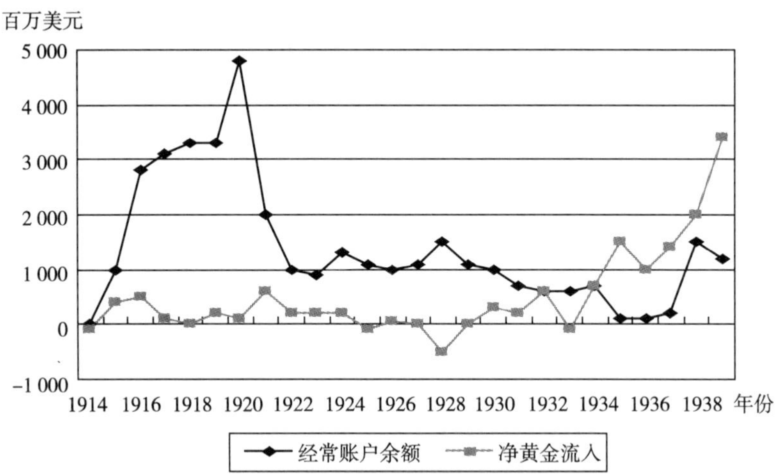

资料来源：U. S. Bureau of the Census, Historical Statistics of the United States, Colonial Times to 1970 (Washington D. C. , 1976).

图 2.2　美国经常账户余额和净黄金流入（1914—1939 年）

虽然在第一次世界大战中美国黄金储备增多，同时美国恢复金本位制以打击英镑，但无论在实力还是时机上，美元独霸世界的条件都还未成熟。第二次世界大战爆发前夕，英镑仍处主导地位，其影响的区域不仅包括英联邦国家，葡萄牙、芬兰等许多欧洲国家，还包括埃及、日本、泰国和阿根廷等非欧洲国家。

第二次世界大战彻底改变了世界经济政治格局，主要国家力量发生了根本性变化。德国、意大利、日本遭到毁灭性打击，英国、法国受到重创。相比之下，美国凭借《租借法案》为盟国提供军火而再次发了一笔战争财。美国经济实力大增，成为世界最大的债权国，为美元霸权的建立创造了必要条件。

1944 年 7 月，44 个国家代表在美国新罕布什尔州的布雷顿森林召开国际货币金融会议，会议一致通过《联合国货币金融会议的最后决定书》及以“怀特计划”为基础的《国际货币基金组织协定》和《国际复兴开发银行协定》（总称《布雷顿森林协定》），成立了国际货币基金组织及国际复兴开发银行（后来的世界银行）。该协议规定：（1）美元与黄金挂钩。各国确认 1944 年 1 月美国规定的 35 美元/盎司的黄金官价，每 1 美元的含金量为 0. 888671 克黄金。（2）其他国家货币与美元挂钩。其他国家政府规定本国货币的含金量，通过货币含金量的比例确定本国货币同美元的汇率。（3）实行可调整的固定汇率。《国际货币基金组织协定》规定，各国货币对美元的汇率一般只能在法定汇率上下各 1% 的幅度内波动。《布雷顿森林协定》的达成，标志着美元初步获得了世界货币的霸主地位。

（二）美元在国际货币体系中主导地位的确立（第二次世界大战结束至 20 世纪 50 年代中后期）

1945 年的布雷顿森林国际金融会议实质上确立了美元在货币

市场的国际主导地位。

由于其他西方国家在第二次世界大战中经济受到极大破坏，“战后”其经济实力根本无法同美国相提并论。在经济上美国不断地打击自己的竞争对手，为美元成为国际货币扫清障碍。美国趁战后英国经济几乎崩溃之机，以英国必须承认美元的霸主地位等条件为前提，向英国提供巨额贷款。1946 年 7 月开始生效的贷款协定中，美国一次性给予英国 37.5 亿美元的巨额贷款，但提出了苛刻的条件，主要包括：贷款以英国批准《布雷顿森林协定》为先决条件，也就是要求英国必须承认美国在国际货币金融领域的领导权和美元在资本主义世界的霸权地位；英国对美国在贸易上实行无差别待遇；英国应在贷款生效一年后取消英镑区的外汇管制，允许英镑区各国实现英镑与美元的自由兑换。

此外，美国还采取了一系列扩张政策。在经济上，美国对西欧资本主义国家实行“马歇尔计划”，在帮助西欧国家恢复和发展经济的同时，通过贷款和援助，竭力对它们进行经济渗透和控制。1947—1949 年，仅接受“马歇尔计划”和参与“欧洲经济合作组织”的十几个西欧国家对美国的贸易赤字就高达 116 亿美元。这些国家需要大量的美元来填补赤字，从而造成了所谓的“美元荒”。“美元荒”一直持续到 1958 年西欧国家经济基本复苏。在“美元荒”阶段，美元是唯一通行的国际货币，国际货币体系就是美元本位体系。“美元荒”是美元完全确立世界货币霸主地位的标志。

（三）布雷顿森林体系瓦解（20 世纪 60 年代至 70 年代中期）

1960 年 10 月第一次美元危机爆发，这场危机意味着第二次世界大战后建立的美元霸权地位开始动摇。此后，美元危机频频爆发（见表2.2）。迫于形势，美国总统尼克松于1971年8月15日宣布实行“新经济政策”，停止美元与黄金的互换。“新经济政策”的推行意味着美元与黄金脱钩，布雷顿森林体系的一大支柱坍塌。到1973年3月，随着主要国家货币与美元脱钩，布雷顿森林体系的两大支柱均已倒塌，标志着第二次世界大战后实行了近三十年的以美元为中心的国际货币体系瓦解，从此美元的霸权地位受到极大削弱。

表2.2　　　　四次美元危机

事件和时间	具体情况	意义
第一次美元危机（1960年10月）	1950—1956年美国年均逆差为15亿美元，1967年略有顺差，1958—1960年，年均逆差37亿美元。1958年经济危机之后，美国工业生产下降了14%，美元的信誉发生了动摇。市场上的黄金价格为41.50美元/盎司。高出官价约20%。全世界出现了大规模抛售美元抢购黄金的风潮。美国为了挽救美元危机，借款额达197.8亿美元，建立七国“黄金总库”，来维持黄金官价。	美国单独支撑以美元为中心的国际货币体系的地位遭到动摇。
第二次美元危机（1968年3月）	美国的黄金储备降至121亿美元，而短期外债高达331亿美元。市场上再次掀起抛售美元抢购黄金的风潮，1967年10月至1968年3月共损失黄金34.6亿美元。美国政府决定解散黄金总库，宣布停止在伦敦市场按35美元官价供应黄金，市场黄金价格按供求自由波动。美国只允许外国中央银行按照官价向美国兑换黄金。	以美元为中心的国际货币体系已难以为继。
第三次美元危机（1971年5月）	美国国内工业生产下降8.1%，国际收支逆差达220亿美元，黄金储备降为110亿美元，只够偿还短期外债553亿美元的五分之一。美元价格暴跌，黄金价格猛涨。1971年8月15日美国政府宣布，停止外国中央银行用美元按黄金官价向美国兑换黄金。1971年8月18日美国宣布美元对黄金贬值7.89%。黄金官价提高到38美元/盎司。各国货币对美元的汇率波动幅度从不超过平价的±1%扩大为±2.25%。	布雷顿森林体系的两大支柱之一的美元与黄金挂钩已经名存实亡。
第四次美元危机（1973年3月）	长期的对越侵略战争，加上美元贬值后又停止兑换黄金，美元的信用极度下降。大量的美元在欧洲被抛售，抢购联邦德国马克、日元和黄金。2月2日美国政府宣布美元第二次对黄金贬值，幅度为10%，每盎司金价提高到42.22美元。至此其他西方国家为了应付美元危机的影响，纷纷取消了本国货币与美元的固定汇率，实行浮动汇率。	固定汇率制取消。至此，布雷顿森林货币体系彻底崩溃。

（四）美元霸权的重振（20世纪70年代末至今）

1978年4月1日生效的《牙买加协议》正式宣告了布雷顿森林体系解体，国际货币体系进入了牙买加体系的新阶段。牙买加体系抛弃了布雷顿森林体系下以美元为中心的“双挂钩”制度，规定将“特别提款权”作为主要国际储备资产，从而削弱了美元及黄金在国际货币体系中的地位。但是，《牙买加协议》是在保留和加强国际货币基金组织的前提下对布雷顿森林体系的一种改革，并没有完全摒弃布雷顿森林体系。从布雷顿森林体系到牙买加体系，是由“美元—黄金本位制”到“美元本位制”的过渡。

尽管在牙买加体系初期，美元在各国官方外汇储备中的比重有所下降，并在1990年降至历史最低点，但在20世纪90年代以后，美元的国际货币地位又得到巩固，在国际外汇储备中的比重逐渐恢复到三分之二左右。加上20世纪80年代以来美国国内的产业结构调整，信息技术产业等高科技“新经济”得到长足发展，美国经济的竞争实力明显提高。

二、美元国际化对美国经济的影响

（一）有利影响

首先，铸币税收入是货币国际化给货币发行国带来最普遍的好处——货币面值超过生产货币成本的收益，除此之外，货币国际化带来的另一种可计量的收益是国际货币发行国利用其他国家的国际货币储备所获得的金融净收益。一方面，国际货币所执行的交易媒介等职能必然通过发行国银行体系所提供的结算和支付服务来完成，这为相关金融机构带来了佣金收入；另一方面，当国外中央银行持有的境外储备资产主要以银行存款或国债等形式存在的时候，国际货币发行国必须为之提供一个正的利息补偿，两者相减就是金融净收益。

其次，虽然在1973年后布雷顿森林体系不复存在，但是布雷顿森林体系确立的美元在国际市场的霸主地位长期存在，加上1978年《牙买加协议》在某种程度上是对布雷顿森林体系的延续，使得美元不仅具有了世界公共物品的性质，还获得了自然垄断地位。

表2.3　　各国官方外汇储备构成（1977—1985年）

货币＼年份	1977	1978	1979	1980	1981	1982	1983	1984	1985
美元	80.3	78.2	75.2	69.0	73.1	71.7	72.7	70.5	65.1
英镑	1.8	1.8	2.1	3.1	2.2	2.5	2.7	3.1	3.2
德国马克	9.3	11.2	12.8	15.6	13.4	12.9	12.0	12.8	15.5
法国法郎	1.3	1.2	1.4	1.8	1.4	1.3	1.1	1.1	1.2
瑞士法郎	2.3	2.2	2.6	3.3	2.8	2.8	2.4	2.1	2.5
荷兰盾	0.9	0.9	1.1	1.4	1.2	1.2	0.9	0.8	1.0
日元	2.5	3.5	3.7	4.5	4.3	4.7	5.0	5.7	7.6
其他货币	1.6	1.1	1.2	1.4	1.4	2.8	8.5	3.8	3.9

资料来源：International Monetary Fund，Annual Report（1986），58，60.

表2.4　　各国官方外汇储备构成（2002—2009年）

货币＼年份	2002	2003	2004	2005	2006	2007	2008	2009
美元	67.1	66.0	66.0	66.9	65.5	64.1	64.1	62.2
英镑	2.8	2.8	3.4	3.6	4.4	4.7	4.0	4.3
欧元	23.8	25.2	24.8	24.0	25.0	26.3	26.4	27.3
瑞士法郎	0.4	0.2	0.2	0.2	0.2	0.2	0.2	0.1
日元	4.4	3.9	3.8	3.6	3.1	2.9	3.1	3.0
其他货币	1.5	1.9	1.8	1.7	1.8	1.8	2.2	3.1

资料来源：International Monetary Fund，Currency Composition of Official Foreign Exchange Reserves（COFER，2010），7，8.

从表2.3、表2.4可以看出，即使在布雷顿森林体系瓦解之后，近三十多年来美元在官方外汇储备中依然占有较大的比重。欧元自2002年正式成为国际货币以来，发展迅速，但是同美元相比仍差距甚远。在 20 世纪 80 年代和 90 年代前期，钉住美元的汇率制被应用于拉丁美洲、东欧和苏联等存在高通货膨胀率的国家，有效地缓解了这些国家高通货膨胀问题。随着 90 年代初美元的持续走强和发达国家间汇率的波动不定，东南亚各国的货币币值被高估，引发了金融危机。金融危机过后，它们又陆续回归了事实上的钉住美元汇率制度。这一回归说明了美元仍然发挥了主导货币的作用。美元成为主导货币具有一定的惯性。因此，美元在近代率先成为国际货币，决定了它在货币市场上的自然垄断地位。

（二）不利影响

首先，美元国际化具有历史特殊性，美元的全球霸主地位是通过布雷顿森林体系这一制度安排实现的。在布雷顿森林体系下，美元作为国际货币，要为世界经济和贸易发展提供清偿力，为了满足世界各国对美元的需要，美国只能通过对外负债形式提供美元，也就是美国国际收支持续逆差。然而，在国际收支长期逆差和普遍的“美元灾”引发的美元危机下，美元就必须贬值，而不能按官价兑换黄金。美元在布雷顿森林体系下的这种两难处境，被称为“特里芬两难”。

早在 1960 年，美国国际收支账户中的净误差与遗漏部分就已经表现为负数，表明在短期内有资本流出。这在一定程度上是由于担心贬值导致的。在 1960 年秋季，美国第一次丧失大量的黄金储备（见图 2. 3）。到 1967 年，美国黄金损失已经超过了 10 亿美元。直到 1971 年，上述状况发生了变化，贸易收支在三十年后首次出现了赤字，对美元稳定性的担忧导致了大量资本外流：官方结算账户的赤字达到了 300 亿美元。美国在第二次世界大战后的二十年内有十九年存在财政赤字，累计超过 1 500 亿美元。财政赤字引起经常性的通货膨胀，使美元的国内购买力在1944—1973 年内下降了 45%。经济危机、财政金融危机交织并发，使美国陷入进退维谷的困境，大大削弱了美国的经济实力，也动摇了美元霸权的经济基础。

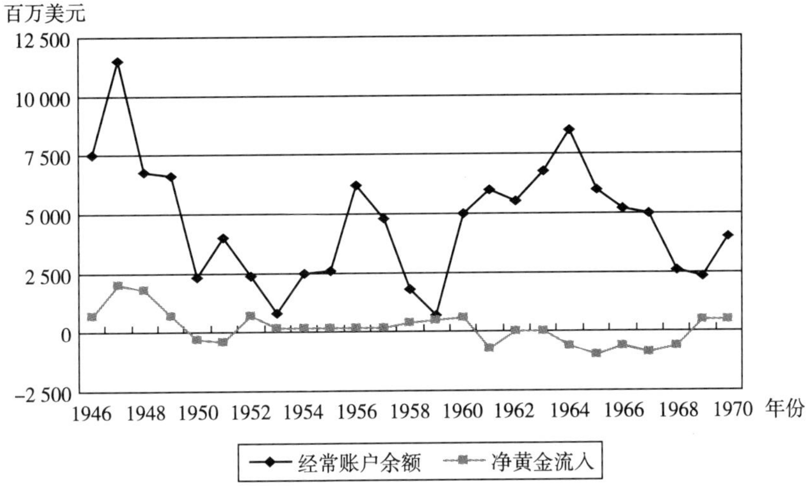

资料来源：U. S. Bureau of the Census, Historical Statistics of the United States, Colonial Times to 1970 (Washington D. C., 1976).

图 2.3　美国经常账户余额和净黄金流入（1946—1970 年）

其次，铸币税在给美国带来收益的同时，也带来了沉重的代价。20 世纪 60 年代中期以后，由于越南战争、约翰逊的“伟大社会计划”，美国财政赤字急剧增加。财政赤字可以用发行国债的方法，也可以通过增发货币的方法弥补。美国政府选择了后者，这就造成严重的通货膨胀。美国物价水平在 1959 年至 1969 年十一年内上涨了 40%。美元实际购买力下降意味着美元对黄金的官方兑换率高估了美元的价值。长期以来，美国用贬值了的美元平衡其国际贸易逆差，等于是向全世界征收了铸币税，即通过其独一无二的国际货币发行权占有其他国家的资源。

第三节　欧元的国际化

1999年1月1日，欧元诞生，并正式作为唯一的法定货币在11个欧元首创国内流通。这不仅标志着欧元货币区域化的实现，更表明欧盟区域经济一体化的推进，实现了欧盟从经济同盟向完全经济一体化的重大跨越。

一、欧元国际化的三个阶段

（一）欧洲货币联盟的成立（1950—1993年）

1950年9月1日，为解决实现各国货币自由兑换和相互之间的货币结算问题，欧洲16国建立了欧洲支付联盟，首次将欧洲地区的货币问题作为首要讨论对象在区域内进行协商。1970年前后，欧共体6国提出并通过《维尔纳计划》，主张在十年时间内分阶段地建成欧洲经济货币联盟，实现区域内资本的自由流动，各成员国之间以固定汇率作为货币政策安排，最终以共同认可的区域货币取代各国货币。1972年欧共体6国建立了欧洲货币的"蛇形浮动体系"。由于其后石油危机和金融风暴，《维尔纳计划》最终难以进行，但是这次计划和相关准备为欧洲货币联盟的建立提供了宝贵的经验。

1979年3月，根据欧共体在海牙会议上达成的协议，欧洲货币体系（EMS）和欧洲货币单位"埃居"宣告诞生。欧洲经济与货币联盟（EMU）的概念被提出。1989年6月，欧共体马德里首脑会议通过了《德洛尔报告》。该报告建议分三个阶段来实现欧洲经济与货币联盟（EMU）：第一步完全实现区域内资本的自由流通；第二步建立欧洲货币局（欧洲中央银行的前身）；第三步建立和实施经济和货币联盟，以统一货币取代成员国货币。

1991 年 12 月 10 日，欧共体首脑会议在荷兰小城马斯特里赫特召开，通过了《欧洲联盟条约》，包括《欧洲经济货币联盟条约》和《欧洲政治联盟条约》（通称《马斯特里赫特条约》，以下简称《马约》），同时决定将欧共体改称为欧洲联盟（以下简称欧盟）。《马约》确定了加入经济货币联盟的“趋同标准”。《马约》规定，最迟在 1999 年 1 月 1 日，经欧洲理事会确认，如达到“趋同标准”的成员国超过 7 个，即可开始实施统一货币。欧盟建立在三个基础上：经济与货币联盟，共同外交与安全政策，协调各国内政与司法事务。1993 年 11 月 1 日，《马约》正式生效，并规定欧洲经济货币同盟成员国必须符合两个关键标准，即预算赤字不能超过国内生产总值的 3%，负债率低于国内生产总值的 60%。1992 年 12 月 31 日欧洲统一大市场建成，欧洲经济与货币联盟的第一个阶段实现，12 个成员国之间取消内部边界，实现商品、资本、人员和劳务的全部或部分自由流通。

（二）欧元一体化的法律制度准备阶段（1994—1998 年）

1994 年，欧洲经济与货币联盟进入第二阶段，各国经济政策根据“趋同标准”相互靠拢。次年，欧盟马德里首脑会议确定“欧元”为欧盟未来的统一货币，取代欧洲货币单位“埃居”，并确定了日程表。1997 年，欧盟 15 国通过《阿姆斯特丹条约》，确定了分阶段正式启动欧元的日程安排，通过了《都柏林协定》，正式批准了《稳定与增长公约》、《欧元的法律地位》和《新的货币汇率机制》3 个文件。

（三）欧元诞生和欧元国际化的初级阶段（1999 年至今）

1999 年 1 月 1 日，欧洲经济与货币联盟进入第三阶段。欧元如期启动，进入账面流通。欧洲中央银行接过确定货币政策的大权，各成员国货币的汇率最终锁定。2002 年 1 月 1 日，欧元成为有形货币，迅速取代了区域内流通的 12 种货币，成为区域内唯一合法货币，欧元以合法身份成为国际货币。此时，欧元区成员国由原来的 11 个国家，扩大到现在的 16 个国家（见表 2. 5）。

表 2. 5　　欧元区国家基本情况（截至 2009 年）

国家	加入欧元区日期	人口（千人）	GDP（美元）
奥地利	1999 年 1 月 1 日	8 387	416 379 626 744. 1
比利时	1999 年 1 月 1 日	10 698	497 586 189 782. 9
芬兰	1999 年 1 月 1 日	5 346	271 281 926 812. 5
法国	1999 年 1 月 1 日	62 637	2 853 062 240 907. 0
德国	1999 年 1 月 1 日	82 057	3 652 824 365 176. 4
爱尔兰	1999 年 1 月 1 日	4 589	281 776 058 661. 6
意大利	1999 年 1 月 1 日	60 098	2 293 008 140 691. 1
卢森堡	1999 年 1 月 1 日	492	54 257 260 472. 6
荷兰	1999 年 1 月 1 日	16 653	860 335 669 609. 2
葡萄牙	1999 年 1 月 1 日	10 732	242 688 533 426. 5
西班牙	1999 年 1 月 1 日	45 317	1 604 174 189 980. 5
希腊	2001 年 1 月 1 日	11 183	356 796 480 576. 1
斯洛文尼亚	2007 年 1 月 1 日	2 025	54 613 121 506. 3
塞浦路斯	2008 年 1 月 1 日	880	21 276 719 104. 0
马耳他	2008 年 1 月 1 日	410	7 448 545 280. 0
斯洛伐克	2009 年 1 月 1 日	5 412	94 957 025 288. 6

资料来源：United Nation 2007/2008 年报告，http：//www. un. org。

二、欧元国际化对欧元区经济的影响

（一）有利影响

第一，为欧元区营造了相对稳定的宏观经济环境。自欧元启动以来，欧元区的通货膨胀率一直控制在较低水平，2000—2007

年保持在 2.1% ~2.3%，低于同期美国通货膨胀率；欧元区国家的名义利率从 20 世纪 80 年代的 12% 和 90 年代的 9% 大幅下降（2008 年欧元利率为 2.5%）；欧元区国家财政受到了《稳定与增长公约》等法律性条约的严格控制，财政赤字和国债占 GDP 比重持续下降，即使是在 2002—2003 年经济低迷期，欧元区公共财政赤字占 GDP 的比重仍控制在 3% 左右。2008 年，为应对金融危机，帮助欧洲经济尽快走出衰退，欧洲主要国家和欧盟相继出台了总额超过 2 万亿美元的救市计划，欧洲中央银行也一再将主导利率调低至 2.5%。在这种情况下，《稳定与增长公约》仍发挥着重要作用，因为如果没有相关制度性规定，欧洲完全有可能走上类似美国高赤字的救市之路，这无疑会给欧洲未来经济埋下危机的种子。

第二，促进了贸易发展。欧元作为欧元区的统一货币，消除了区内国家的汇率风险，降低了跨国交易成本，促进了欧元区国家商品和资本市场的融合。自欧元问世之后，欧元区内货物贸易总值占 GDP 的比重由 1998 年的 26% 增加到了 2007 年的 33%，服务贸易占 GDP 的比重由 5% 增加到了 7%，欧元区内国家间的商品出口额高出欧元区国家对非欧元区国家 3%，进口额高出 2%。据测算，统一货币推动欧元区国家间双边贸易增长了 9% ~14%，欧元对加速欧元区内贸易的贡献作用达到 50%。目前，在欧元区全部对外贸易中使用欧元计价和结算的比重占 50%，在准备加入欧元区的国家和欧元区国家的邻国中，半数以上在国际贸易中使用欧元计价和结算。

第三，推动了对外直接投资（FDI）。据统计，2000—2005 年，欧元区国家 FDI 流量占世界总量的 57%。目前欧元区内 FDI 总量占 GDP 的三分之一，而十年前仅为五分之一，欧盟委员会专家认为，这一增幅中的三分之二归功于欧元的应用。此外，欧元区居民持有的国际股票和债券投资从 2001 年的 34% 增加到了 2006 年的 44%。欧元区企业的跨境并购活动也日趋活跃，其中制造业的区内并购力度增加明显，投资额占该行业跨境并购总额的比重由 1993—1998 年年均 20% 增加到 1999—2004 年年均 35%。相对于仅占世界经济总量 25% 的欧元区经济规模来说，欧元在促进资本流动，尤其在促进欧元区国家间资本流动方面起了积极作用。

第四，加速了欧洲金融市场的整合。建立有效的金融市场是实现“单一欧洲市场”计划的重要组成部分，欧盟 1999 年《金融服务行动计划》的出台是这一进程的重要里程碑。在世界范围内，以欧元计价的国际债券总值在 2004 年就超过了以美元计价的国际债券。1997—2006 年，欧元区居民投资组合中以欧元计价的资产量显著增长。据有关机构测算，欧元促进欧元区股票交易增加了 3.5%，债券和票据交易增加了 4.2%；非欧元区国家投资欧元区债券和票据的资金量也大幅增长。此外，欧元推动了银行的跨境扩张活动，目前欧洲 16 家最大银行的境外资产持有量已高出其境内资产 25%。

第五，创造了更多的就业机会。欧元启动后，欧元区劳动力市场和社保体制改革取得了较大进展，区内国家共创造了创纪录的 1 600 万个就业岗位，就业人数增加了 15%，失业率降至 7%，欧元区就业增长幅度超过了包括美国在内的成熟经济体。欧元是在各成员国让渡货币主权的基础上实现的，而货币主权通常是一国主权的重要组成部分。

（二）不利影响

在欧元区内，货币政策由欧洲银行统一制定和实施，各国拥有财政政策的行使权。成员国失去了货币政策制定权，也就失去了对本国经济进行宏观调控的能力。当成员国处于经济周期的不同阶段的时候，欧洲中央银行很难兼顾各国的不同的货币政策需求，希腊债务危机就是很好的例子。欧元要想在国际化进程中取得良好的发展，首先要做的是稳定欧元区内各国的经济状况，如何制定一个合理有效的机制在推进欧元国际化的同时，保持内部成员国的经济统一、稳定地发展，将是欧盟未来努力的重点。欧元国际化经过短短十几年时间，仍然面临严峻挑战。2009 年 12 月全球三大评级公司下调希腊主权评级，使其陷入财政危机，欧元对美元大幅下跌。

图 2.4 反映的是欧洲各国预算赤字和负债占国内生产总值的比例，对比的是《马约》规定的底线。从图 2.4 中可见，在 16

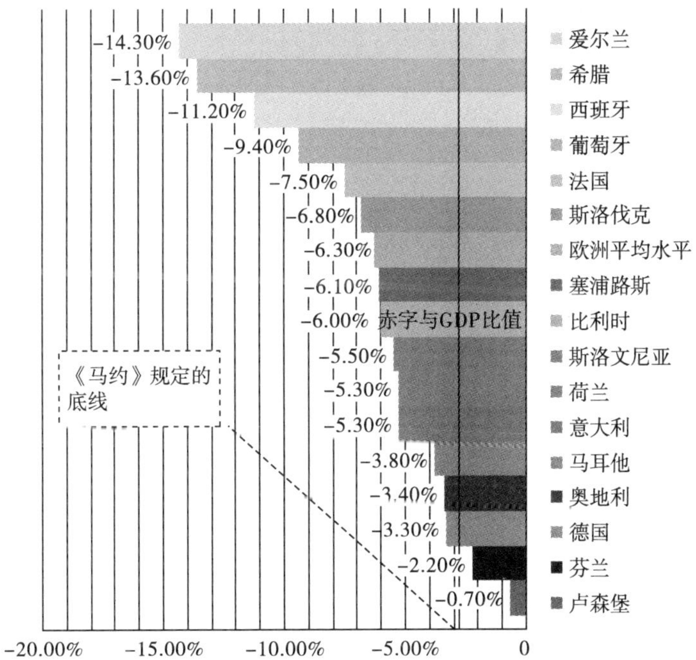

资料来源：European Commission（2010）.

图 2.4　2009 年欧盟各国公开赤字与 GDP 比值

个欧元区国家中，截至2009年仅有卢森堡和芬兰的赤字占GDP比例在《马约》规定的范围内，其他国家均超过警戒线。从图2.5中则看出，仅5个国家的负债率在60%的参考指标内，希腊的负债率竟然高达124.9%之多。

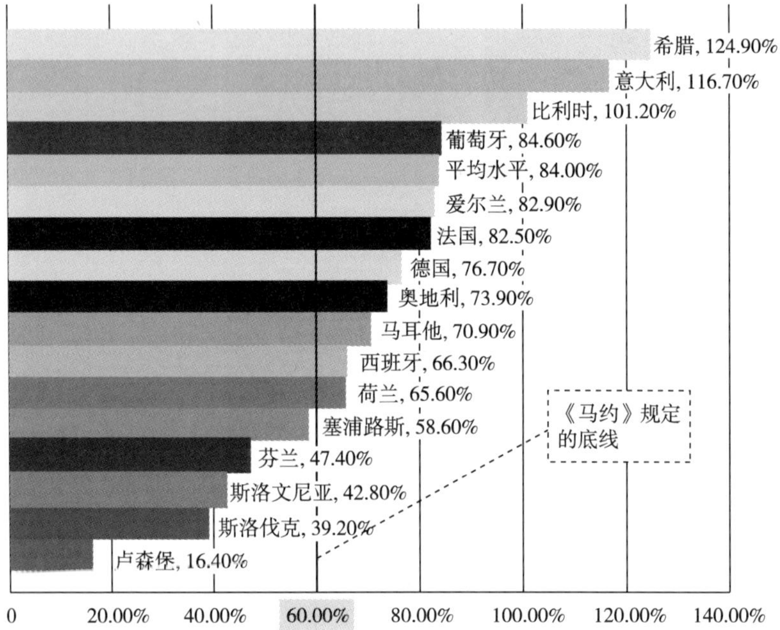

资料来源：European Commission (2010).

图2.5　2010年欧盟各国债务与GDP比值

由希腊带头引起的欧洲债务危机，从一个侧面反映了欧元国际化的制度安排使得单个欧元区国家货币政策和财政政策无法统一使用以调节经济的弊端。

第四节　日元的国际化

日元的国际化与以美元为中心的国际货币体系的解体密切相

关，是一个从被动走向主动，从功能性战略向区域战略转变的过程。

一、日元国际化历程

20 世纪 80 年代，美国经常项目收支出现大幅逆差，特别是对日本贸易逆差。美国认为日本金融、资本市场对非居民是封闭的，日元汇率不是通过市场形成的均衡汇率，所以迫使日本实现金融、资本市场的自由化以及日元的国际化。1984 年2 月，日本和美国政府共同组建了“日元—美元委员会”，同年 5 月该委员会发表《日元—美元委员会报告书》，同时，日本大藏省也发表了题为《金融自由化及“日元国际化”的现状与展望》的公告，进一步整理并完善了日元国际化的具体措施，并形成了体系化的政策方案，这被视为日元国际化真正开始的标志。在这一时期，日元国际化发展迅速，却被动听命于美国的安排。进入 20 世纪 90 年代，随着日本泡沫经济破灭，日元国际化水平开始出现停滞和下降趋势。

1997 年东南亚金融危机的爆发和 1999 年欧元的启动，迫使日本政府开始反省以往的日元国际化进程，更加积极地探讨日元国际化的新战略。以往日元国际化的历程和欧洲国家的实践使日本政府意识到，在当今的“美元体制”下日元直接地谋求国际货币的地位是极其困难的或不可行的，因而通过日元成为区域性国际货币的过程即日元的亚洲化实现国际化的目标，是一条切实可行的道路。日元国际化战略由功能性向区域性转换，标志着“日元亚洲化”战略的形成。

表 2.6　　日元国际化进程中的大事件

1964 年	日本成为《国际货币基金组织协定》第八条款国，开始承担日元自由兑换的义务，使在国际商品和外汇交易中使用日元成为可能。
1970 年 11 月	日本允许发行以日元计值的外债，并形成日益庞大的欧洲日元市场。
1972 年 5 月	日本政府废除“外汇集中制度”[a]，允许居民和民间持有外汇。
1972 年 9 月	日本允许非居民在日本国内发行以外币计值的债券。
1973 年 2 月	日本转向完全浮动的汇率制度。
1978 年 4 月	日本开始准许居民进行国内外汇存款。
1980 年	日本政府和银行开始向发展中国家发放日元贷款，在进出口贸易中试行日元计价。
1980 年 12 月	日本政府颁布新的《外汇法》，日元经常项目基本上实现了可兑换，对日元资本项目的可兑换也由原则上限制兑换过渡为原则上放开管制。
1983 年 11 月	美日首脑会议决定设立“日元—美元委员会”。
1984 年 5 月	“日元—美元委员会”[b] 发表了《日元—美元委员会报告书》，大藏省则提出了《金融自由化及“日元国际化”的现状与展望》的公告。在这两个报告中，对外汇交易的两个规则作了修订：第一个修订的是外币期货交易中的“实际需求原则”，即任何人都可以进行外汇期货交易，不受任何实体经贸的限制；第二个修订的是“外币换为日元原则”，即企业可以自由将外币换成日元，也可以将在欧洲日元市场上筹集的资本全部带回日本。这些改革措施为日元在国际市场上的自由流通创造了条件，有力地推动了日元的国际化。
1985 年 3 月	大藏省的私人咨询机构“外国外汇等审议会”根据这两份报告，发表了“关于‘日元国际化’的答辩”。
1986 年 12 月	日本创设离岸金融市场。
1992 年	日本泡沫经济破灭，日元国际化水平开始出现停滞和下降趋势。
1996 年 11 月	针对日元国际化明显落后等状况，桥本政府提出了标新立异的“金融大爆炸”，意在彻底改革金融。
1998 年 4 月	日本政府启动金融自由化改革方案。对金融自由化和日元国际化的态度发生了根本性的变化，从过去的被动接受进而转向大力推动，并研究提出了推进日元国际化的整套政策方案，开始大力推动日元国际化。在战略上，由过去的注重发挥日元国际化的功能性转向区域发展，推动东亚区域货币合作；同时加强国内金融和资本市场基础，完善日元国际化条件。
1998 年 7 月	大藏省外汇审议局开始就“日元国际化”问题进行调查和审议。
1998 年 8 月	通产省在通商政策局和贸易局下设立了“亚洲通商金融研究会”。
1998 年 10 月	亚洲通商金融研究会提出通产省《亚洲通商金融研究会中间报告（关于“日元国际化”）》的中间报告书。
1998 年 11 月	大藏省外汇审议局提出《关于“日元国际化”——中间论点整理》报告书。

续表

1998 年 10 月	日本政府发表了向危机国家和地区提供300 亿美元资金援助的“新宫泽构想”，利用亚洲金融危机后各国亟须大量资本的机会，推动东亚金融合作。截至1999 年3 月末，韩国、菲律宾、泰国、马来西亚和印度尼西亚5 国共从中接受了 188 亿美元的援助。
1999 年 9 月	大藏省设立了专门研讨“日元国际化”政策的“‘日元国际化’推进研究会”。该研究会于2000 年6 月提出了《中间论点整理》，翌年6 月提出了《“日元国际化”推进研究会报告书》。该报告书明确提出应将东亚自由贸易区的建设和日元国际化问题紧密结合，推进与亚洲各国之间货币、金融领域的协作。
1999 年 11 月	东盟（ASEAN）与中国、日本、韩国三国首脑非正式高峰会议在菲律宾首都马尼拉举行，会议发表的联合声明指出，在东亚地区缔造共同市场及单一货币是有可能的。
2000 年 5 月	东盟（ASEAN）十国与中国、日本、韩国三国的财政部部长在泰国清迈举行会议，就东亚地区的财政金融合作，特别是在 ASEAN 十国与中国、日本、韩国三国合作（10 +3）的机制下建立区域流动监控体系和增强集体抵御金融风险的能力等问题，进行了广泛磋商并达成共识。至此，“日元亚洲化”战略已然形成。

注：[a]1958 年 12 月，西欧各国恢复货币的可兑换性的影响，使得非居民持有的日元同居民持有的日元实现了可兑换性。受这一事件的影响，1960 年 7 月，日本创设了非居民日元存款自由结算制度，导入了所谓的日元外汇制度。[b]20 世纪 80 年代，日美贸易摩擦日益激化，美国政府不断要求日本开放资本和金融市场，1983 年 11 月，美日首脑会议决定设立“日元—美元委员会”。

二、日元国际化对日本经济的影响

（一）有利影响

第一，日元国际化有助于日本经济的稳定增长。日元作为国际贸易的结算手段、支付手段、国际储备货币和投资货币，对日本来说，既可减少日本经济对美元的依赖，又可“抵御汇率风险于国门之外”，使日本拥有类似美国的“有形无形的影响力”，便于日本在国际商业、国际金融、国际投资舞台上自由活动，以加强其经济活动的主动性，“对外要价力量”及“经济安全保障”。

第二，日元国际化促进了日本金融业的发展，增强了日本的金融实力和国际金融地位。日元国际化进程中，日本走过了一条金融深化与发展的道路，通过外汇自由化、贸易自由化、经常账户自由化、资本流动自由化、利率与金融市场自由化使日元成为国际经济活动中普遍使用的货币，相关配套措施的建设也推动了日本金融市场的完善与成熟。由于日元国际化的迅速推进，日本国内日元市场不断扩大，外国金融机构纷纷涌入，各种银行分支机构相继设立，尤其是东京离岸市场的设立和业务量不断扩大，有力地推动东京成为了全球金融中心。

第三，在日元国际化的过程中，日元升值和利率自由化，提高了外国借款者到日本借取日元贷款和发行日元债券的吸引力，促进了日本的对外投资。在直接投资方面，1950—1985 年日本在国外的直接投资总额为 1 393. 34 亿美元，其中 1986 年和 1987 年分别为 223. 2 亿美元和 333. 64 亿美元。在证券投资和贷款方面，1981 年日本对外贷款和证券投资分别为 50. 83 亿美元和 87. 77 亿美元，到 1987 年，分别增长到 161. 9 亿美元和 877. 57 亿美元，与 1981 年相比，分别增长了 2. 2 倍和 9 倍。1988 年，日本仅在美国的投资估计为 600 亿美元，其中 500 亿美元是获得票据。

（二）不利影响

第一，在日元国际化的进程中，日元大幅升值使得一部分出口主导型企业受到国际市场激烈竞争的威胁，这对日本出口贸易的进一步扩大不利。根据日本经济企划厅的一次调查，在 386 家主要的公司中出口占整个营业额中的份额由 1985 年第二季度的 26. 3% 下降到 1987 年第四季度的 21. 5% 。

第二，日元迅速国际化，境外日元急剧增加，对日元币值的稳定产生了不利影响。从 1973 年日元开始实行浮动汇率制后，日元对美元汇率总的来说呈现升值态势，但中间时常出现较大的反复。1973 年初约为 1 美元兑 266 日元，1978 年末急剧升值到 1 美元兑 195 日元，1980年初贬值到约1美元兑250日元，1982年底短暂升值后，又逐渐贬值到1985年初的约1美元兑258日元。1985年9月《广场协议》和1986年2月《卢浮宫协议》后，日元在一年多的时间里急剧升值了约33%，1987年4月末1美元兑140日元。1987—1995年，日元汇率一直呈现升值的态势，1995年4月为1美元兑79日元，创出了日元兑美元汇率的最高纪录。1995年中期开始，日元汇率由升转跌，1998年6月跌至1美元兑145日元。1999年日元又升值到1美元兑102日元，2000年和2001年略微贬值，2003年5月日元汇率为1美元兑115日元。日元汇价波动频繁，严重影响了人们对日元的信心，反过来削弱了日元的国际地位。

第三，日元国际化客观上要求利率自由化，而利率的自由化，既对日本国内利率结构产生冲击，也大大削弱了日本政府在国内实施金融政策的效力，尤其是东京离岸市场设立以后，外国银行纷涌而入，导致日本的金融市场更为开放和复杂，在一定程度上增添了管理外国银行的困难。

第四，日元国际化的开始是一个被动的过程，在这一过程中，日本多次受制于美国的压力，最终阻碍了本国经济的发展。一个最为突出的表现是1985年《广场协议》的签订，日元单边大幅升值，并开始完全自由浮动，此后的十年里日元升值了近3倍。过早的、完全的自由浮动和汇率剧烈震荡，限制了日元在结算和交易环节的使用，阻碍了日元在国际贸易和资本项目下的交易计价、结算货币功能的实现，不仅摧毁了日元国际化，而且直接导致了日本泡沫经济的形成，使日本陷入“失去的十年”。

三、日元国际化对国际经济的影响

（一）有利影响

首先，日元的国际化有利于国际货币体系的稳定与重建。国际化要求日元汇价保持基本稳定，这有助于消除国际金融领域的“混乱”状况。随着日元国际化的迅速推进，日元、欧元在国际货币体系中势必发挥“枢纽货币”的作用，使国际货币关系向多中心方向发展，以适应目前经济全球化和多极化的需要。

其次，日元的国际化有利于在推动“日元亚洲化”战略的实施。20 世纪 60 年代以来，东京离岸金融市场的设立，使亚太地区国家中央银行的外汇储备和外国企业闲置资金都被吸引到该市场。由于便利的地理条件和日本雄厚的经济实力，亚太地区的政府和企业也向该市场告贷，从而推动“日元亚洲化”战略的实施。

最后，日元的国际化将促进国际贸易、国际金融、国际投资的进一步扩大，有利于国际储备的多元化。20 世纪 80 年代以来，随着日本金融自由化和日元国际化，日本的短期资金市场及债券市场都有了很大发展。目前，日元已经以它较高的国际信誉和较稳定的币值受到国际贸易和国际投资机构的青睐，它将被越来越广泛地用于国际经济活动中，这不仅会大大促进亚太地区之间的国际分工、相互投资和国际贸易，而且有利于整个国际贸易和国际投资的扩大。这在相当大程度上增强了国际储备分散化和多元化的趋势，有利于国际利率和汇率的一体化和均衡化。

（二）不利影响

日元国际化的不利影响则是引起了美元、欧元和日元三个货币中心之间新的角逐，使美国、西欧、日本之间的贸易摩擦向金融领域转化和深化，从而增大了发达国家间货币政策协调的难度。同时日元国际化将使亚太地区的一些国家在国际金融方面加深了对日本的依赖性。

第三章

人民币国际化的汇率制度选择

从长远来看，人民币国际化必将伴随着资本项目的逐渐放开获得进一步推动，而与此同时人民币汇率制度也将更为灵活和富有弹性。本章将重点研究人民币国际化的汇率制度选择问题。

第一节　人民币的国际化

人民币国际化的发展历程可以追溯到1993年12月，国务院正式颁布了《关于进一步改革外汇管理体制的通知》，此后稳步推进一系列的金融、货币改革措施，主要包括：经常项目逐渐开放，资本项目的开放拉开了序幕，金融市场国际化进程加速，汇率形成机制的改革不断推进，人民币离岸金融市场的建设提上日程。自2008年9月美国次贷危机升级为全球金融危机以来，中国加快了推进人民币国际化进程的步伐，从双边货币互换协议的签订到人民币跨境贸易结算试点，不断推进。与此同时，中国积极参与亚洲区域货币合作，包括2000年《清迈倡议》的提出，2005年亚洲货币单位（ACU）的编制和公布，为人民币走向区域化，成为亚洲货币区的关键性货币（人民币区域“货币锚”[①]）铺平了道路。

一、人民币国际化的意义

（一）降低外汇资产收益和安全性面临的威胁

2008年9月始于美国次贷危机开始演变为全球性金融危机。在此过程中，大量美元金融资产面临违约或价值缩水。其中，房利美和房地美两大房地产金融机构濒临破产。在中国近2万亿美元规模的外汇储备中，有超过3 000亿美元的两房债券，此外工

① 方霞、陈志昂：“基于G－PPP模型的人民币区域‘货币锚’效应”，载《数量经济技术经济研究》，2009年第4期，第57－69页。

商银行、农业银行、中国银行、建设银行等大型国有商业银行持有的两房机构债券也超过了300亿美元。这些资产曾一度面临较大的违约可能。虽然最终美国政府接管了“两房”，暂时保证了“两房”机构债券的安全性，但这对中国外汇资产安全仍是一个警示。特别是2011年欧美发生债务危机，8月6日美国信用评级机构标准普尔将美国长期主权信用评级由AAA下调至AA+，评级展望调为负面，全球担忧此举可能引发金融市场“大地震”。尽管七国集团召开紧急会议，表示在必要时采取联合行动，确保市场流动性，支持金融稳定和经济增长，但8月8日全球股市普遍低开，且此后数日都呈下跌趋势。当天香港恒生指数低开537点（跌幅为2.56%），成为又一个黑色星期一，这对持有超过1万亿美元债券的中国又一次敲响了警钟。

此外，总体上中国外汇储备的70%的比例是以美元金融资产持有的，其中大部分是美国国债。自次贷危机爆发以来，美国政府采用了量化宽松的货币政策和财政政策组合来拯救市场。这导致美国财政赤字急剧攀升。截至2010年9月30日的财年中，美国财政赤字估计达1.47万亿美元，为有史以来最高；而预计在2011财年，美国的财政赤字水平也将达到1.42万亿美元；根据OECD的数据，2010年美国的公共债务占GDP比例将达到92%的水平，而在2011年，这一比例还将上升到99.5%。可见，目前美国应对金融危机的办法可能把私人信用危机转化为主权信用危机。在主权风险上升的情况下，美国将被迫提高国债收益率，以使其继续吸引资金，这将导致存量资产的市场价值缩水；在中长期，会由于流动性数量的急剧上升，潜在的通货膨胀压力增大，美元将面临通货膨胀或贬值的风险，这也将导致美元资产的收益率出现恶化。推进人民币国际化，减少汇率变动带来的风险，降低中国对外汇资产尤其是美元资产的依赖是一个关系中国经济金融安全的重大问题。

（二）缓解人民币升值压力

多年来，中国资本项目管制实行的是“宽进严出”。在资本项目鼓励外资流入，贸易项目主要以美元等外币计价，并且存在大量顺差的条件下，外汇市场必然出现巨大的人民币需求缺口，增加人民币升值的压力。例如，外国资金通过直接投资或者贸易结汇流入中国，在外汇市场兑换成人民币就产生了对人民币的需求，如果中央银行不进行干预，则外汇市场的人民币汇率将面临升值压力；但如果中央银行进行干预，则货币政策的独立性将受到挑战。

人民币国际化的意义在于，推动人民币在贸易、投资等领域充当计价、结算货币，从而在降低对外汇资产依赖的同时，减少外汇市场对人民币的需求缺口，拓展了中国货币政策的操作空间。

（三）推动国际货币体系改革

在布雷顿森林体系下，美元面临不可解决的“特里芬两难”，即国际市场对美元的信心和美元国际清偿能力两者之间有着根本性的冲突。在黄金与美元脱钩，美元与世界其他货币脱钩，实现汇率的自由浮动之后，“特里芬两难”被软化了，但是这个“两难”在一定程度上仍然存在着，甚至还以新的形式表现出来，并在一定条件下被激化。例如，目前的国际收支失衡格局从表面上来看可以归咎于各国储备、消费的不平衡，以及汇率、贸易政策的扭曲等因素，实际上与当前以美元为核心地位的国际货币体系有很大关联。在这样的国际货币体系中，除美国以外的国际收支逆差国通常会经历痛苦的经济调整。因此，一般的开放经济体出于稳健的目的偏好保持国际收支顺差，持有一定规模的外汇资产，以便避免国际收支逆差调整带来的痛苦。这种行为方式导致了顺差国和美国之间的贸易失衡，在东南亚国家的这种情况尤其明显，特别是1998年东南亚金融危机之后情况更为显著。这种国际收支失衡的长期积累，在一定条件下必将使美元的清偿能力和国际市场对美元的信心产生严重冲突。

从根本上来说，只要一国的主权货币充当国际货币体系的核心货币，就必然会出现这样的问题。为此，周小川（2009）提出建立超主权储备货币来对现行的国际货币体系进行改革。然而超主权储备货币真正发挥重要的作用，有一个漫长的过程。因此，人民币国际化就成为了中国主动推进国际货币体系变革的首选政策。首先，人民币国际化有助于提升中国国际经济地位，增强中国协调国际经济金融事务的能力，从而改变现在国际货币体系中发达国家利益至上的格局。其次，人民币国际化有利于促进国际货币体系的多元化，优化国际储备资产，推动国际货币体系向公平公正的方向改革。

二、人民币国际化的条件

人民币国际化是一个历史发展的必然过程，也是中国经济体制改革的必然结果，但其进程依然应具备一定条件，应符合货币国际化的规律。本节将重点分析人民币国际化的宏观经济条件和必备的国际环境。

（一）经济实力

自1978年改革开放至今三十余年来，中国经济经历了一个高速发展时期。2005年、2008年中国GDP总量分别超过英国和德国，2009年按现行价格计算的GDP总量仅次于美国和日本，居全球第三位，按照购买力平价计算的GDP总量仅次于美国，居全球第二位，2010年的GDP总量无论按哪种算法都超过日本。

同时，中国的 GDP 年增长率远远高于美国、英国、日本和欧元区国家，是全球年增速最高的国家之一（见表3.1）。

表 3.1　　2009 年主要经济体 GDP 指标

	现行价格下 GDP 值（亿美元）	现行价格下 GDP 份额值[a]（%）	购买力平价下 GDP 份额值[a]（%）	平均增速[b]（%）
欧盟（27）[c]	192 349.60	30.32	21.95	2.03
美国	145 331.67	22.91	20.52	1.09
日本	50 265.25	7.92	6.27	1.68
英国	29 898.12	4.71	3.18	2.12
中国	49 847.31	7.86	12.02	10.04

注：[a]指该经济体 GDP 占全球 GDP 总额的比例。[b]指最近 3 年（2007—2009 年）中该经济体不变价格下 GDP 增长率的平均值。[c]含英国；2007 年至今欧盟有 27 个成员国。

资料来源：CSMAR 数据库。

从最近三年看，中国已经成为仅次于美国的全球第二大贸易国；同时，不同于美国、英国、欧盟国家经常项目逆差的状况，中国的经常项目长期顺差（见表 3.2）。

目前中国已经成为世界上举足轻重具有重要影响力的经济体，是世界经济体中不容忽视的一员。中国与日俱增的强大经济实力，将为未来人民币在国际货币体系中发挥越来越重要的作用提供基本保证。

表 3.2　　主要经济体国际贸易状况（2007—2009 年平均值）

	货物进出口贸易额（亿美元）	贸易份额（%）	经常账户余额（亿美元）	经常账户余额占 GDP 比例（%）
欧盟（27）[a]	108 008.50	37.68	-2 690.87	-1.47
美国	30 953.98	10.8	-6 529.44	-4.61
日本	13 375.58	4.66	2 015.40	4.26
英国	9 950.82	3.47	-1 348.56	-4.71
中国[b]	23 155.52	8.12	3 666.67	8.90

注：[a]计算欧盟进出口货物贸易额时，成员国间的相互贸易不计算在内；计算全球贸易总额时将欧盟成员国也做同样处理。[b]包括中国香港的转口贸易值。

资料来源：世界贸易组织网站。

（二）币值稳定性

2005 年 7 月 21 日人民币汇率形成机制改革，确立了以市场供求为基础的、参考一篮子货币进行调节、有管理的浮动汇率制。人民币汇率波动开始更有弹性，自 2005 年 7 月至 2010 年 6 月，人民币实际有效汇率平稳上升，升值幅度达 19.27%；其他主要币种如欧元贬值 6.15%，美元贬值 7.02%，日元升值 1.29%，英镑贬值 17.51%（见图 3.1）。

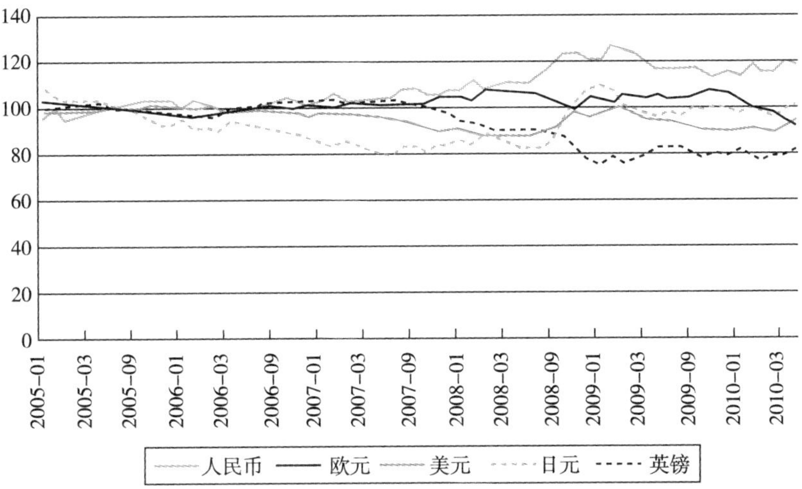

资料来源：BIS 网站。

图 3.1　主要货币实际有效汇率波动

人民币汇率体制改革后，大部分主要货币对人民币汇率仍保持平稳波动。其中，美元对人民币贬值 19.41%、欧元贬值 17.25%、英镑贬值 47.40%、[①] 瑞士法郎贬值 1.14%；日元对人民币汇率升值，升值幅度为 5.22%；特别提款权（SDR）对人民币贬值 17.21%（见图 3.2）。

① 英镑对人民币贬值程度自 2006 年 8 月作为计算起始时间点。

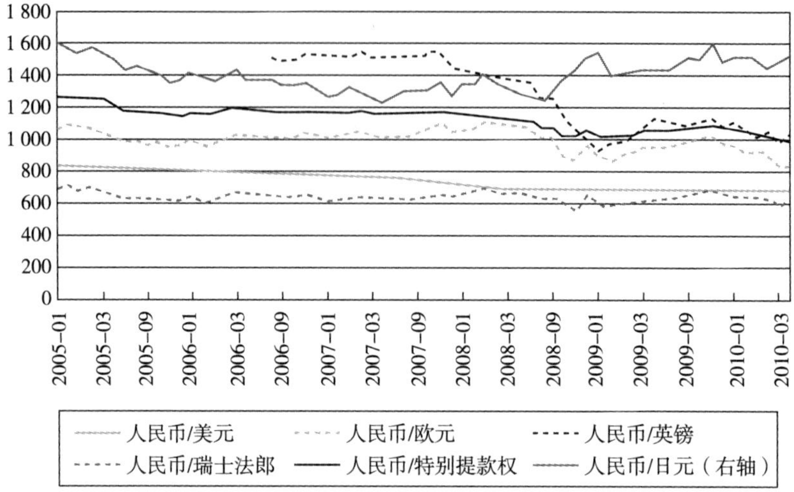

注：图中统计中国人民银行公布的每天美元、欧元、英镑、瑞士法郎、日元对人民币汇率中间价波动。中央银行自 2006 年 8 月 1 日起公布英镑对人民币汇率价。

资料来源：CSMAR 数据库。

图 3.2　主要货币对人民币汇率波动（2005 年至 2010 年 3 月）

1993—2005 年中国人民币汇率实质上实行盯住美元的固定汇率制，人民币汇率被低估。故而在 2005 年宣布实行盯住一篮子货币的、有管理的浮动汇率制后，人民币汇率逐渐上升，相对于其他主要货币的波动程度而言，人民币汇率的波动幅度显得较大。不过，人民币汇率仍保持相对平稳，并没有出现剧烈波动状况。2005 年至今，人民币汇率波动总体趋势是在平稳波动的同时保持稳定上升。

2007—2009 年，与其他主要经济体相比，中国通货膨胀率相对较高（见表 3.3）。然而，2000—2009 年，以上年同期为 100 计算得到的中国 CPI 年增长率均在 3.3% 以下（见图 3.3），而中国 GDP 年增速均超过 8%，说明与 GDP 增速相比，中国的 CPI 增速相对并不高，即表明中国通货膨胀率仍控制在合理的水平。

表 3.3　　　　主要经济体通货膨胀率指数（2007—2009 年）

	平均通货膨胀率
欧盟（27）	2.44
美国	2.62
日本	0.63
英国	2.32
中国	4.75

注：每年 CPI 指数的计算标准，2000 年为 100。

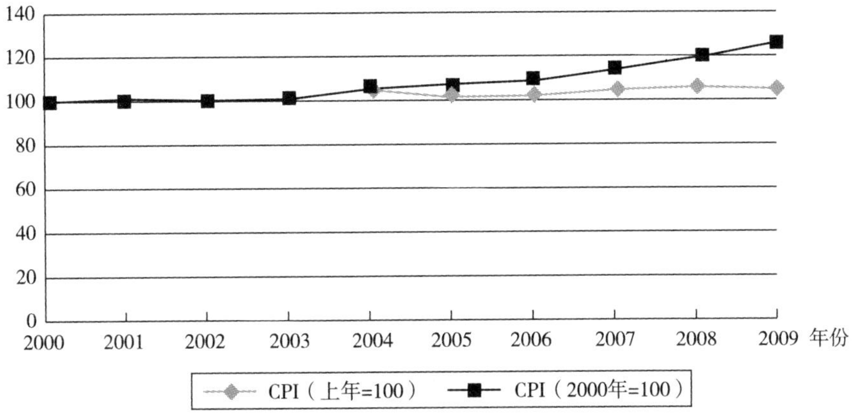

图 3.3　中国消费者物价指数的变动（2000—2009 年）

人民币坚挺的汇率与升值预期，以及国内较低的通货膨胀率，无疑会增强投资者持有和使用人民币的信心，为人民币未来发挥国际货币角色提供重要保证。

（三）金融市场发达程度

通常用来衡量一国（地区）金融市场发达程度的代理指标是计算该国（地区）外汇或衍生品交易额在全世界交易总额中的比例，比例越高表明该国金融市场越发达（BIS，2007[①]）。表 3.4

① BIS，*Foreign Exchange and Derivatives Market Activity in 2007*，2007。

表明，英国金融市场最为发达——英国外汇交易额和衍生品交易额分别占全世界的 34.1% 和 40.9%，这与英国伦敦是世界上最大的金融中心这一事实相佐证。

与其他主要经济体比起来，中国国内金融市场尚处于发展的基础阶段，中国外汇交易和衍生品交易额占全球的比例接近于零。中国不成熟的金融市场，会成为将来人民币成为国际货币的最大障碍，这点为大多数学者和决策者所认同（王元龙，2009①；Dobson 等，2009②）。

表 3.4　　2007 年国际外汇和衍生品交易总额按地理区域划分[a]

国家或地区	外汇交易额比例（%）	OTC 衍生品交易额比例（%）
欧盟[b]	15.8	17.1
美国	16.6	18.6
日本	6.0	4.4
英国	34.1	40.9
瑞士	6.1	4.0
中国	0.2	NA[c]
其他	21.2	15.0
总计	100.0	100.0

注：[a]国际清算银行（BIS）每三年公布一次对各国中央银行外汇和衍生品交易市场的调查报告，最近公布的年份是 1998 年、2001 年、2004 年和 2007 年。[b]不含英国。[c]人民币没有单独统计，归入其他国家（地区）中。

资料来源：BIS（2007）。

（四）政治影响力

改革开放以来，随着中国综合国力的快速提升，中国已经从一个地区性大国提升为一个国际性大国，中国独立自主地行使外

① 王元龙：“关于人民币国际化的若干问题研究”，载《财贸经济》，2009 年第 7 期，第 16－22 页。

② Dobson, W. and P. R. Masson, “Will the Renminbi Become A World Currency?”, *China Economic Review*, 2009 (20): 124－135.

交政策、承担大国责任和义务，为中国在国际上赢得了很高的声誉。1997 年亚洲金融危机期间，中国政府对外承诺并确保了人民币对美元汇率的稳定，承受了危机国家货币贬值所带来的经济冲击，在稳定东亚的经济局势中发挥了“防波堤”的作用。2001 年中国正式成为世界贸易组织成员国，从此在国际贸易体系中发挥更重要的作用。2008 年至今中国接连承办了北京奥运会、上海世博会、广州亚运会、广州亚残运会和深圳第 26 届世界大学生运动会等国际大型活动，为中国和中国文化在全世界的推广和认同起到了很大作用。中国日益增强的国际影响力，将成为人民币走向国际化的重要保证。

三、人民币国际化的进展

在 2008 年之前，人民币国际化的进展最主要体现在边境贸易结算和在香港的流通、使用上。在 2008 年下半年金融危机全面爆发之后，中国在推动人民币国际化方面采取了一系列重要措施。主要表现在两个方面：一是在资本管制的背景下，推动人民币跨境流入、流出机制的建设；二是推动人民币在岸（境内）和离岸（中国香港）金融市场的建设。

（一）推动人民币跨境流通机制建设

中国在推动人民币跨境流通机制建设方面，主要有如下举措：（1）推动经常项目下跨境贸易使用人民币结算。从 2009 年 3 月开始，中国内地和香港特别行政区两地支付互通正式开始运行。2009 年 4 月 8 日，国务院又决定在上海和广东四市开展跨境贸易人民币结算试点。目前，试点范围已经扩大到 20 个省、市、自治区，其中还包括西北和东北的边境省区以及一些中部省份。根据中国人民银行提供的数据，2010 年上半年使用人民币结算的跨境贸易金额已经达到了706亿元，全年突破1 000亿元是很有可能的。（2）在金融体系的交易、支付方面推动人民币流入和流出机制建设。目前，人民币在资本项目下还不是完全自由可兑换的货币，因此外国政府、个人获得人民币的渠道并不畅通。为此，从2008年12月到2010年7月，中国先后与韩国、中国香港、马来西亚、白俄罗斯、印度尼西亚、阿根廷、新加坡签订了总额达8 035亿元人民币的双边本币互换协议。这为人民币跨境结算的潜在人民币需求提供了资金支持。在2009年7月，中国人民银行还与菲律宾中央银行签订协议，允许中国银行在菲律宾境内开办人民币现钞业务，由此在中国香港之外增加了人民币流入、流出的新渠道。

（二）推动人民币在岸市场和离岸市场建设

2008年金融危机爆发前，在中国香港发行的人民币债券的主体都是内地金融机构，而在2009年9月，中央政府首次在香港发行了60亿元人民币的国债。这在两个方面推动了人民币离岸金融中心的建设：（1）增强了人民币资产对境外投资者的吸引力；（2）为香港人民币离岸金融市场的建设提供了收益率的基准。除此之外，正在酝酿中的人民币计价股票也将对人民币离岸金融市场起到进一步的推动作用。

在岸金融市场方面，外汇局在2009年9月进一步放松了QFII的投资额度。2010年8月，境外投资者还获得了进入银行间债券市场的准入许可。

除了上述进展之外，中国还通过国际货币合作为人民币国际化创造良好国际环境。2009年2月在泰国普吉举行的东盟和中、日、韩（“10+3”）财长特别会议通过了《亚洲经济金融稳定行动计划》，决定将区域外汇储备基金规模从原定的800亿美元扩大至1 200亿美元，以便在金融危机发生时，为各国提供外汇援助。2009 年中国在国际货币基金组织增资中购买了 500 亿美元债券，2010 年中国在世界银行投票权份额从 2.8% 提高至 4.2%。这些举措都将进一步提升人民币在国际货币体系中的影响力。

第二节 短期内人民币国际化与汇率制度选择

从主要货币国际化的进程来看，资本项目的开放是一个必然的选择，在此背景下，如何在资本自由流动、货币政策独立性和汇率稳定性三者之间进行合理的选择就是一个必须认真考虑的问题，其中，汇率制度的选择是关键一环，对于人民币国际化进程、国内金融市场的完善和今后货币政策的操作空间都具有重要的战略意义。因此，从长远来看，中国汇率政策的改革必须放在人民币国际化的大背景下，审慎进行，逐步推进。

一、资本项目管制的约束

中国尚不具备完全开放资本项目的条件，这是短期内人民币国际化面临最重要的制度约束。货币自由兑换的先决条件可以归纳为（江春，2003）：（1）合适的汇率水平；（2）充足的国际清偿手段；（3）健全的市场价格机制；（4）国内微观经济主体对国内外市场价格变化做出灵敏反应的能力；（5）完善的国内金融体系；（6）稳定的宏观经济环境（包括实现财政平衡及消除供给过多的货币）和有效的宏观调节体系；（7）公众的信心。从中国的现实状况来看，上述条件中在（3）、（4）、（5）几个方面均有待加强。具体而言，利率尚未实现市场化；各种资源、矿产的价格形成机制也有待进一步理顺；而国内微观经济主体难以应对资本项目开放所带来的冲击；金融产品的种类还非常有限，金融机构的创新能力和经营效率都较低，金融市场距离有效性的标准状态还有较大的差距，这些都决定了中国的资本项目难以在短期内实现自由兑换。

二、短期内人民币国际化与汇率制度的关系

资本项目管制和人民币汇率的长期升值趋势共同决定了人民币国际化和汇率制度之间存在如下的互动关系：一是在资本项目管制的背景下，人民币国际化将借道人民币离岸金融市场的发展获得推进。二是由于不同时期对人民币汇率的干预程度不同，人民币汇率升值压力将在离岸金融市场有不同的表现。在升值预期强化的条件下，人民币离岸金融市场的交易量和价格会出现快速上升。三是由于人民币离岸金融市场的交易量快速上升导致的市场影响力增强，对在岸市场的定价权将产生一定的影响。四是人民币国际化过程中，离岸金融市场将获得更加快速的发展，这本身也将使在岸市场的定价权问题逐渐面临挑战。

在现有条件下，人民币国际化将通过离岸金融市场的发展，对在岸的人民币汇率定价权产生影响，从而对汇率制度、政策产生影响；反过来，汇率制度改革将通过影响人民币汇率升值预期，对人民币离岸金融市场的交易产生进一步的影响，从而对人民币国际化进程产生作用。在经验研究方面，关于离岸金融市场和在岸金融市场人民币汇率的相互影响，可以将人民币官方的即期汇率和人民币 NDF 价格作为考察对象，使用时间序列的格兰杰因果检验（Granger Causality）来进行研究。

（一）数据和方法

1. 关于样本数据的说明

由图 3.4 可见 2004 年 1 月 2 日至 2011 年 1 月 2 日人民币兑

换美元的即期汇率、人民币兑换美元在 NDF 市场 12 个月远期的报价。如果以官方的即期汇率作为观察对象，有四个重要的时点，将整个样本期划分为五个阶段。第一个时点为 2005 年 7 月 21 日的汇率制度改革；第二个时点为 2008 年 9 月初人民币汇率的再次冻结，以及此后人民币 NDF 市场上汇率升值预期转为贬值预期；第三个时点为 2010 年 3 月中旬人民币 NDF 市场上的汇率贬值预期再次反转为升值预期；第四个时点为 2010 年 6 月 19 日汇率制度改革的重新启动。从人民币 NDF 市场的报价来看，其汇率水平的波动方向与即期汇率大体上是一致的。2004 年 1 月以来的大部分时间，NDF 市场对人民币汇率一直持有显著的升值预期。不过 2008 年末到 2009 年初的情况是例外的，当时由于全球金融危机的爆发，美国金融机构的去杠杆化操作和国际资本寻求避风港的双重作用，这一时期的国际资金大量从新兴市场经济

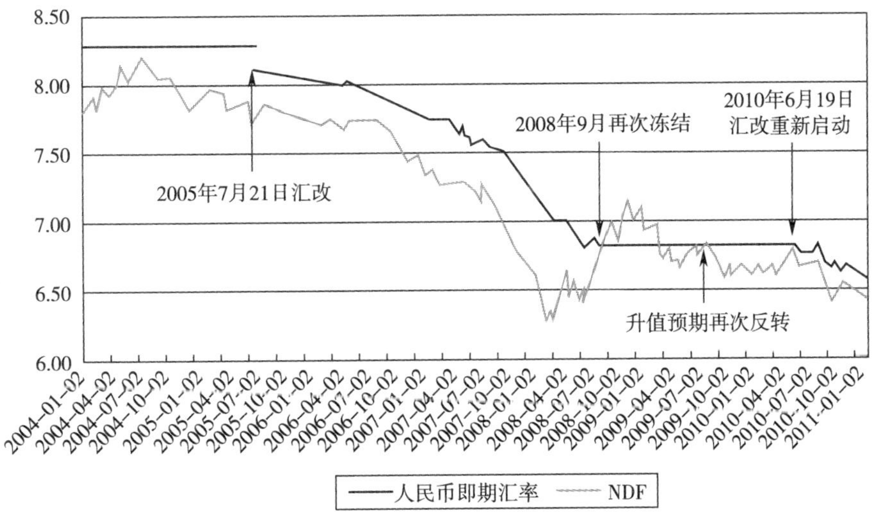

注：NDF，12 个月。

资料来源：Wind 资讯。

图 3.4　人民币汇率在岸价格和离岸价格的表现

体向美国本土回流，从而导致新兴市场国家货币普遍出现了短暂的贬值压力。在 2009 年初国际金融秩序恢复稳定之后，人民币汇率升值预期再次显化。

2. 研究方法

按照以上五个阶段的时间序列分别进行分析。如果时间序列的均值或自协方差不是常数，而是表现为随着时间而发生改变，那么该时间序列就是非平稳的，在此基础上直接进行回归就可能出现“伪回归”现象。因此，在本书的分析中，将首先对变量的平稳性进行单位根（Unit Root）检验，然后在此基础上进行格兰杰因果关系的分析。

（1）单位根检验

关于单位根检验，使用常规的 ADF 检验法，其形式如下：

$$\nabla y_t = \alpha + \delta t + r y_{t-1} + \sum_{i=1}^{p} \xi_i \nabla y_{t-i} + \varepsilon_i \qquad (3.1)$$

其中，上式中的参数 p 表示单位根检验的滞后阶数，根据 *AIC*、*BIC*、*LR*、*FPE*、*HQ* 等信息准则综合进行确定，其选择的标准是：在确保 ε_i 是白噪声的条件下，p 值尽可能的小。

（2）格兰杰因果关系检验

格兰杰因果关系检验实际上是时间序列的向量自回归（VAR）分析，其思路是：假定某个变量 X 的波动是变量 Y 发生的原因，则变量 X 的变化会在时间上领先于后者，并且变量 X 对于变量 Y 的预测具有显著性，即引入变量 X 的滞后观测值，对于预测变量 Y 的回归模型在统计上的解释能力将会有显著的增强。在这样的情况下可以说，变量 X 是变量 Y 的格兰杰原因。具体地，其检验方式为

$$y_t = \sum_{i=1}^{p} \alpha_i y_{t-i} + \sum_{i=1}^{p} x_{t-i} + \varepsilon_i \qquad (3.2)$$

检验零假设（H_0）为 X 不是 Y 的格兰杰原因，即 H_0：$\beta_1=\beta_2=\cdots=\beta_p=0$。因此，该检验又可以被称做非格兰杰影响检验。

（3）脉冲响应函数

在 VAR 模型中，对第 i 个变量的冲击不仅直接影响到第 i 个变量，还会通过 VAR 模型的滞后结构传递到其他内生变量。脉冲响应函数描述了一个变量的随机误差项的冲击对每个内生变量当期及以后各期的影响。由于 VAR 中不同方程的随机误差项 U_i 之间存在同期相关，需要构造一个正交矩阵将同期相关的冲击项转换为同期不相关的冲击项。本书采用 Cholesky 分解方法得到脉冲响应函数，以检验人民币即期汇率与人民币 NDF 价格之间的短期关系。

（4）人民币即期汇率和人民币 NDF 价格的关系分析

将人民币兑换美元的即期汇率记为 SER，而将人民币 NDF 12 个月远期汇率报价记为 NDF，同时将 2004 年 1 月 2 日以来的时间划分为五个时间：第一个时间段为 2004 年 1 月至 2005 年 7 月 20 日，第二个时间段为 2005 年 7 月 21 日至 2008 年 8 月 29 日，第三个时间段为 2008 年 9 月 3 日至 2010 年 3 月 10 日，第四个时间段为 2010 年 4 月 1 日至 2010 年 6 月 18 日，第五个时间段为 2010 年 6 月 19 日至 2011 年 1 月 2 日。由于上述两个序列对应的交易日并不完全相同，因此选取其共同交易日作为分析样本。然后对每个阶段的时间序列分别进行单位根检验和格兰杰因果关系检验。对各个时段的时间序列进行单位根检验，在按照相关信息准则选择了最优的滞后除数后，发现其均符合一阶单整。由于两个时间序列符合同阶单整的情况下，如果其残差通过平稳性检验，则回归结果即可避免伪回归。因此，有可能对相关的两个时间序列的水平形式直接进行格兰杰因果关系检验。

（二）分析结果

（1）格兰杰因果检验的实证结果

按照上述处理方法，对2004年1月以来五个时间段的人民币即期汇率、人民币NDF远期汇率报价进行了格兰杰因果关系检验，在残差通过平稳性检验的情况下，得到分析结果如表3.5所示。

表3.5　人民币即期汇率（SER）和人民币NDF价格的格兰杰因果关系检验

时间段	零假设	滞后阶数	P值	结论
2004年1月至2005年7月20日	SER不是NDF的Grganger原因	7	0.0006	拒绝***
	NDF不是SER的Grganger原因	7	0.3167	接受
2005年7月21日至2008年8月29日	SER不是NDF的Grganger原因	1	0.0006	拒绝***
	NDF不是SER的Grganger原因	1	0.5094	接受
2008年9月3日至2010年3月10日	SER不是NDF的Grganger原因	2	0.0028	拒绝***
	NDF不是SER的Grganger原因	2	0.2902	接受
2010年4月1日至2010年6月18日	SER不是NDF的Grganger原因	2	0.0000	拒绝***
	NDF不是SER的Grganger原因	2	0.0576	拒绝*
2010年6月19日至2011年1月2日	SER不是NDF的Grganger原因	1	0.0082	拒绝***
	NDF不是SER的Grganger原因	1	0.1190	拒绝*

注：***表示在1%显著性水平上显著，*表示在10%的显著性水平上显著。临界值来自EViews 5.0。

从表3.5中可以发现，自2004年1月以来，官方的人民币即期汇率对离岸的人民币NDF远期报价具有显著的影响力。从人民币NDF市场来看，该市场的人民币远期汇率报价从单纯地受官方即期汇率的影响，转变为对人民币即期汇率具有一定程度的影响。尤其是2010年4月以来，人民币NDF市场的远期汇率报价对人民币的即期汇率具有较为显著的影响力。虽然其显著性只是在10%的水平上有意义，但与之前的几个阶段相比，仍然反映了人民币即期汇率和人民币NDF市场远期报价具有越来越强的互动影响作用。在最后的两个时间段中，正是人民币升值压力的上升，以及人民币汇率制度改革的再次重启对人民币即期汇率和人民币NDF市场远期报价关系的转变发生了重要影响。

（2）脉冲响应函数的实证结果

为了进一步分析2004年以来中国人民币即期汇率（SER）与人民币NDF价格之间的关系，在建立VAR模型的基础上，采用脉冲响应函数对两者之间的关系进行了检验。

从图3.5人民币即期汇率与人民币NDF价格之间的脉冲响应函数可见，自2004年1月以来，官方的人民币即期汇率对离岸的人民币NDF远期报价具有显著的影响力，并且在2005年7月21日汇率制度改革之后，官方即期汇率对NDF市场这种影响的传导时滞也大大缩短了，由汇改之前的7个交易日的时滞缩短到1个至2个交易日。同时，由第五阶段两者之间的脉冲响应函数可见，自2010年6月汇改以来，人民币即期汇率对人民币NDF价格的影响程度在不断加深，并且有逐渐扩大的趋势。

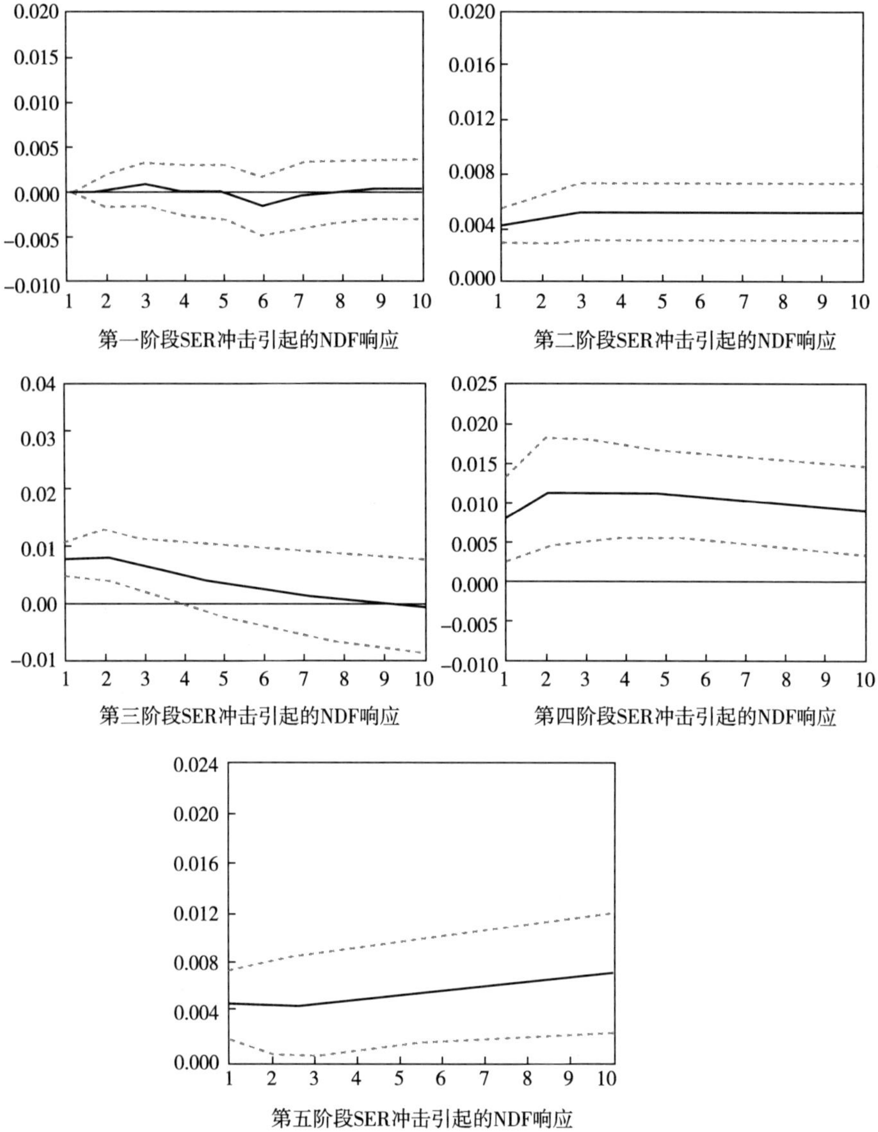

图 3.5　2004 年以来各阶段人民币即期汇率（SER）引起人民币 NDF 价格的脉冲响应函数

（三）结论

第一，人民币在岸金融市场的发展和完善，为资本项目自由可兑换奠定基础，从而为人民币国际化的长期推进做好准备。第二，人民币离岸金融市场的发展，使得在现有制度约束条件下，在可能的限度内推进人民币国际化的进程。但由于同时存在人民币汇率的长期升值趋势，因此在人民币国际化的进程中，离岸金融市场对人民币汇价的决定必然显示出与官方即期汇率在一定程度的背离——从而体现升值预期。在离岸金融市场发展规模急剧膨胀的情况下，其完全可能对在岸市场，包括即期汇率产生一定的影响，甚至进而对中国的汇率制度的选择环境产生一定影响。

综上所述，为了越过制度性障碍，人民币国际化在短期内必然要通过离岸金融市场来获得推动，但离岸金融市场的发展规模需要在一定可控的规模之内；否则，其将影响在岸金融市场定价权的主导地位，从而对中国现行的汇率制度造成较大的冲击，并且不利于中国汇率制度改革的稳步推进。解决这一矛盾可以从两个方面入手：一是在发展离岸金融市场的同时，采取一定的限制措施，对离岸金融交易规模和影响力施加一定的约束；二是积极发展国内金融市场和在岸的外汇交易市场，做大在岸金融市场的规模，推动国内金融体系的改革和稳步推进资本项目自由可兑换，加强和巩固在岸市场在定价权方面的主导能力。

第三节 人民币国际化与汇率制度的远期选择

从长期来看，货币国际化的程度取决于资本项目可自由兑换的程度，因此，人民币国际化和汇率制度选择的关系，体现为资本项目逐步放开和汇率制度选择的关系。

一、货币国际化对汇率制度选择的影响

（一）“三元悖论”和中国的选择

对于一个开放的经济体而言，宏观经济政策是在以下三个目标取其二：（1）资本跨越国界的充分自由流动，即资本项目的自由可兑换。（2）汇率的稳定，即固定汇率。（3）存在解决国内经济问题的独立货币政策。这就是美国经济学家保罗·克鲁格曼提出的“三元悖论”（“三位一体不可能性”）。其中，第三个目标——独立的货币政策通常是一国中央银行的主要职能，货币政策的国内目标主要包括低失业率、低通货膨胀率以及高经济增长速度。对于中国这样一个大国经济体而言，独立的货币政策几乎是必须要实现的。

在改革开放以来，对于上述三个目标的权衡，中国采取了以下做法：一是政策上对资本项目进行严格的管制，但具体操作中对资本流动采取了“宽进严出”的态度，以吸引外国直接投资的流入。二是维持了汇率水平的相对稳定，大部分时间里汇率波动浮动相对较小。三是货币政策方面基本确保了独立性，起到了对本国经济的调控作用。中国在三个目标之间的权衡主要是通过放弃资本的自由流动，来维持其他两个目标的实现——汇率的稳定和货币政策的独立性。

（二）人民币国际化的资本管制效力

历史经验证明，随着时间的推移，资本管制的有效性往往是逐渐减弱的，尤其是考虑到人民币国际化因素之后，资本项目的管制还将面临以下两个方面的挑战：其一，在人民币国际化进程中，由于人民币流出、回流机制的建立，资本项目的严格管制将

面临更多的潜在漏洞，资本项目管制的难度和成本将进一步上升。其二，在人民币国际化的进程中，政府倾向于鼓励以人民币对外进行直接投资，并且事实上也已经对国外机构投资者局部地开放了国内人民币金融市场，例如，国内银行间债券市场，这些举措本身在推动人民币国际化进程的同时，势必削弱资本项目管制的效力。

（三）人民币汇率在长期将走向灵活浮动

人民币国际化的逐步推进将使资本项目管制的有效性逐步减弱。在此条件下，如果仍然维持僵硬的汇率制度，则货币政策的独立性将以相同的程度受到削弱。蒙代尔—弗莱明模型（Mundell – Fleming Model）的分析揭示了其效果。图 3.6 以蒙代尔—弗莱明模型为基础，分析了固定汇率制和资本完全自由流动的情况下，一个大国实行扩张性货币政策的效力。在蒙代尔—弗莱明模型中，由于小国开放经济是世界利率水平的接受者，因此 *BP* 曲线并不因本国的货币政策而发生变化。中国作为一个大国经济，与蒙代尔—弗莱明经典框架中的小型开放经济体假设并不完全相同，因此，图 3.6 对 *BP* 曲线进行了修正，即作为一个大国经济，中国的货币政策有可能影响世界的利率水平。现在以扩张性货币政策为例，中国扩张性货币政策将使世界利率也伴随其有所下降；当然，由于资本是完全自由流动的，则最后中国国内的利率也将等于世界利率水平。如图 3.6 所示，在固定汇率和资本完全自由流动的情况下，中国扩张性货币政策将使世界利率水平下降，从而使 *BP* 曲线的位置发生相应的改变。

图 3.6 中，货币政策的扩张使 LM_0 曲线移动到 LM_1，与此同时，BP_0 曲线移动到 BP_1。则短期均衡也从 E_0 移动到 E_1，经常项目出现逆差，资本项目也出现外流。为了维持固定汇率制，中央

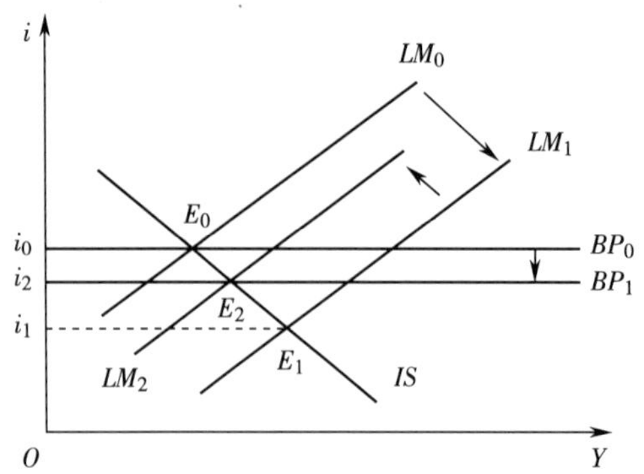

图 3.6　大国经济扩张性货币政策效果：固定汇率和资本完全自由流动

银行被动出售外汇资产，收回本币，本国货币供应量减少。但是，由于受到中国扩张性货币政策的影响，世界利率水平由 i_0 下降到 i_2。所以此时，BP 曲线由 BP_0 移动到 BP_1 的位置。而由于世界利率水平的下降，中国的货币政策不必完全回复到初始状态 LM_0，而是由 LM_1 曲线移动到了 LM_2 的位置，此时均衡状态为 E_2。最终的情况就是，扩张性货币政策将使国内利率从 i_0 下降到 i_1，然后又回升到 i_2，但仍略低于 i_0 的水平。与此同时，产出水平也经历了先增加，后回复到接近初始状态的过程。

总之，在固定汇率和资本完全自由流动的情况下，货币政策的独立性就难以实现。即使对于大国经济而言，其货币政策的有效性也将大打折扣。反过来看，在“三元悖论”中，如果在长期中选择了人民币国际化（从而资本项目的开放）以及货币政策的独立性，则人民币汇率在长期中就必然走向灵活浮动。

二、汇率制度对货币国际化的影响

（一）从国际货币职能角度分析

从货币国际化的具体形式来看，汇率制度可能通过如下渠道对货币国际化产生影响：汇率计值的稳定性将有利于私人部门使用该种货币作为计价货币和交易货币，也有利于外国官方以这种货币的汇率作为本国货币汇率值的参照物；汇率计值的稳定性以及其可能带来的收益还将促进境外私人部门和官方部门对该种货币资产的持有，汇率计值的稳定性有利于货币在履行三大职能方面的国际化，但是，这并不意味着固定汇率制度就是最佳的选择。人民币国际化的程度在长期内取决于资本项目的自由可兑换，只有资本项目自由可兑换，境外私人部门、官方部门使用本国货币及货币资产具有便利性，才能在此基础上逐渐形成该种货币交易、支付的网络，货币国际化才能真正得以进行。因此，有利于货币国际化的汇率计值稳定，并不是靠单纯的汇率管制或固定汇率得到的，而是在资本项目自由可兑换的背景下，由外汇市场供求因素互动决定的汇率计值，其背后更深层次的决定因素还在于本国的经济发展、社会稳定以及稳固的国际地位。

（二）从境外居民持有本币资产目的分析

货币国际化是境外私人部门或官方部门使用或持有本币及本币资产的过程。具体而言，境外私人部门、官方部门持有本币资产的目的主要有三个方面：一是收益性，指境外居民持有的本币资产具备一定的保值功能和增值功能。二是流动性，包括自由可兑换性，指境外居民持有的这种货币资产应该在国际交易中被广泛接受。三是安全性，从狭义上来看，主要是指本金不遭受违约损失的可能性，但从广义来讲，国际资产的安全性也在数量上受到汇率贬值程度的影响。

境外居民持有本币资产的三个目的有时并不是完全一致的，三个目的之间具有一定的替代性。例如，为了获得较强的流动性，境外居民可能放弃一定的收益率；相反，为了获得一定的收益率，境外居民也可以放弃一定的稳定性。前者的例子是，2002—2008 年美元实行战略性贬值，美元汇率指数贬值幅度达到 50% 以上，但同期美元资产在全球外汇储备中的比例，仅从 70% 左右下降到 65% 左右的水平。同美元汇率指数下降相比，美元资产在全球外汇储备中比重的下降是非常微弱的，这说明了国外私人机构和官方部门对美元流动性有着额外偏好，它们可以容忍美元资产在收益性方面的一些损失，以保持资产较强的流动性。Ogawa（2001）的研究认为，美元汇率长期走弱，却仍然能够保持国际货币地位的强势，这说明对于货币资产的持有人而言，这种资产的流动性比收益性更重要。事实上，在美元作为世界本位币的背景下，在 20 世纪七八十年代日元和德国马克的国际化进程中，日元和德国马克相对于美元的主要竞争优势就是它们的资产收益性。

（三）汇率目标区制度是实现汇率稳定性的理想政策选择

汇率水平的稳定将有利于货币国际化的推进，但汇率水平的稳定，不能过多地依赖于官方干预，而应以外汇市场供求决定为基础，并最终使其成为稳定的经济基本面的一种反映。但是，并不意味着采取浮动汇率制度就是一种有效的选择。由于国际投机资本的规模巨大，且短期投机性强，因此，外汇市场的一些短期剧烈波动可能与长期基本面没有任何关系。完全的自由浮动可能会导致汇率水平在短期内远远偏离经济基本面，从而产生过分的波动，因此也不利于维持汇率水平的稳定性。出于两个方面的考虑，汇率目标区将是一种较好的折中方案：其一，有效的汇率目标区方案，能够较好的引导市场预期与经济基本面相吻合，使汇率波动稳定在目标区间内。其二，中国由于汇率制度尚缺乏完全走向自由浮动的市场基础，从固定汇率制走向汇率目标区制度符合渐进式改革的思路。在具体操作过程中，可以先设定较为狭窄的汇率目标区，然后逐步放大，从而逐渐减少政策干预和资本项目的管制，这样就能使汇率波动在更具灵活性的同时，也能够保持一定的稳定性。

第四节　人民币国际化进程中汇率制度的改革

人民币汇率制度将由固定汇率走向汇率目标区制度，并进而逐步扩大浮动区间，这是一个渐进的过程，也是由人民币国际化的客观条件和特殊性决定的。

一、人民币汇率制度退出战略的特殊性

长期来看，人民币国际化的推进要求资本项目的逐步放开，再考虑到中国货币政策独立性的必要性，则必然要求人民币汇率制度由固定走向浮动。另外，人民币汇率制度设计进而人民币汇率水平的稳定性，也将对人民币国际化产生影响。两者的互动关系，在其他货币国际化进程中都有所体现。由于中短期内中国的具体条件和约束，人民币国际化和人民币汇率制度的选择具有一定的特殊性。首先，在一定时期内，由于资本项目放开的条件并不成熟，人民币国际化将在资本管制的背景下进行。其次，人民币汇率将在相当长一个时期面临升值压力，这也是人民币国际化的一个重要背景。最后，人民币在岸市场和离岸市场的可协调性较强，这是人民币国际化所具有的特殊条件。

以上三个特殊性，决定了在人民币汇率制度改革与资本项目自由可兑换同步推进的过程中，人民币国际化有可能相对于前两

者有一定程度的超前性。在人民币国际化的背景下，人民币汇率制度的选择依然应该遵循“主动性、可控性、渐进性”原则。

二、人民币汇率制度弹性化改革的路径

2005 年 7 月 21 日至 2010 年 6 月，中国实行了以市场供求为基础的、参考一篮子货币进行调节的、有管理的浮动汇率制度；而从 2010 年 6 月 19 日开始，中国人民银行在 2005 年汇改的基础上进一步推进人民币汇率形成机制改革，增强人民币汇率弹性。从渐进性角度来看，人民币汇率形成机制改革应该是在渐进实现资本项目自由可兑换的同时，实现有管理的浮动汇率制，即资本渐进可兑换和汇率渐进有弹性相互促进，最终实现资本项目完全可兑换基本稳定与适度弹性相结合的有管理的浮动汇率制度（赵登峰，2005）。考虑到人民币国际化首先可能借助香港的人民币离岸金融市场发展起来，在此背景下，人民币汇率形成机制改革的渐进性方案中也应对离岸金融市场、在岸金融市场的作用有所考虑。

一是在短期内资本项目开放条件仍然不成熟的情况下，人民币国际化将主要通过人民币离岸金融市场获得发展；在长期，随着资本项目开放条件的日趋成熟，人民币国际化主要渠道将转向在岸金融市场的发展。在不同阶段，人民币在岸金融市场和离岸金融市场的关系都是需要妥善处理的关键问题。

二是在短期内，离岸金融市场和在岸金融市场的沟通和协调发展将是最重要的问题。如果离岸金融市场的口子开得过大，则香港将成为资本自由流进、流出内地的突破口，中国资本项目管制将在实际上失去可控性，从而影响到人民币汇率制度改革的顺利进行。如果离岸金融市场的规模发展过大，还可能影响到人民

币在岸金融市场的定价权，这同样也会影响到人民币汇率制度改革进程的主动性和可控性。

三是在短期向长期转化的过程中，在岸金融市场之间的矛盾将越来越突出。因此，应积极推动微观经济个体的产权明晰化，促进国内经济结构的调整，发展和完善国内金融市场，理顺货币政策的传导机制，增强宏观调控政策的有效性。缩短短期向长期转化的时间，从而减少人民币离岸金融市场与在岸市场可能面临的冲突。

第四章

人民币跨境流动及其风险控制

人民币跨境流动是人民币走向国际化的前期准备和必须步骤，研究人民币跨境流动风险的控制，是为了防范人民币国际化风险进行技术和制度准备，本章将重点研究现阶段人民币跨境流动的风险及控制的方法与措施。

第一节 人民币跨境流动的意义

人民币跨境结算业务的开展是人民币汇率制度改革的重要一环。随着中国加入世界贸易组织和经济金融体制改革的不断深入，中国参与经济全球化的程度将会越来越高，与世界经贸联系也会日益紧密。2008 年以来中国应对全球经济金融危机的作用日益明显，周边国家以及相关国家和地区对人民币的需求快速上升，人民币跨境业务的发展趋势更加明显。作为人民币汇率制度改革的第一步，跨境人民币结算可以说是先行试水。从人民币跨境流动风险中，可以看到人民币汇率制度改革中的风险。

一、扩大人民币跨境业务是汇率制度改革的前提

2008 年全球金融危机的爆发和蔓延凸显了当前国际货币体系的内在缺陷和系统性风险。一个多元化的货币体系更有利于国际金融的稳定。现行国际货币体系以美元为主导，美国在为全球经济提供结算、交易货币的同时，也存在宏观经济政策内外协调困难，货币政策目标与国际对储备货币的要求不一致性的问题，美国由于财政政策和货币政策以及监管的失误引发国内的次贷危机，并进而演化成了全球性金融危机，对全球经济金融体系造成了极大的负面影响。国际货币体系的上述根本缺陷引起了国际社会的广泛关注，关注的核心就是要建立多元化的国际货币体系。

人民币国际化无疑是建立多元化国际货币体系的重要力量。

随着经济与金融全球化进程的持续发展，国际贸易迅速扩大，资本跨国界流动的规模不断增长，发展中国家在分享经济全球化带来机遇的同时，也面临巨大的风险。在现有情况下，当发展中国家出现危机时，储备货币发行国极少为发展中国家提供流动性支持，国际金融组织所能提供的流动性也相对有限，难以真正起到最后贷款人的作用，因此，发展中国家不得不普遍选择积累大量的外汇储备。一旦储备货币币值出现不稳定，资产就会存在较大贬值风险。另外，新兴市场国家在发展中需要吸引更多的资源投向本地区，需要加快发展本地区金融市场，而在以美元为主要储备货币的国际货币体系下，新兴市场国家的大量储蓄流向发达国家，为其高负债高消费埋单，弱化对本地区发展应有的支持。

本次全球金融危机爆发后，新兴市场和发展中国家加强区域货币合作的要求日益强烈。改革开放三十多年以来，中国与周边国家和地区经贸关系日益密切，形成了区域产业链，为区域内实现人民币境内外结算打下了坚实的基础。积极开展跨境人民币业务有助于进一步密切和巩固中国与周边国家和地区的经贸联系，与发展中国家结成更加密切的利益共同体，共同抵御风险，实现中国与发展中国家的共赢。只有在风险可控的情况下，我们才能进一步推动人民币汇率制度改革。因此，扩大人民币跨境结算不仅是人民币国际化的前提，也是中国汇率制度改革的前提。

二、人民币跨境业务在一定程度上降低了汇率风险

人民币实现跨境流动的意义在于：一是有利于人民币境内外直接投资的快速发展。人民币跨境流动在活跃境外交易，促进人民币跨境结算规模不断增长的同时境外机构贸易结算渠道将会积

累一定数量的人民币资金，以人民币进行境内直接投资的需求，可以减少企业汇兑成本，拓宽人民币回流渠道，与此同时境内机构以人民币在境外进行投资活动，可使投资资金来源更加充裕。二是有利于企业规避汇率风险，促进贸易便利化。当前国际金融市场持续动荡，美元等主要货币波动性较大，加大了中国企业与境外机构贸易结算的汇率风险。由于人民币币值稳定且具有升值的潜力，人民币跨境结算和流通的实现有利于境外企业扩大自身对中国的出口，从而进一步推动和促进国际贸易便利化。三是有助于提高人民币信誉，扩大人民币国际化的影响力。人民币跨境结算是人民币区域化的一个重要步骤。货币区域化是一个国家经济实力发展到一定程度的结果，同时货币区域化又会反过来促使一国经济实力和国际竞争力的进一步提高。人民币在区域内的广泛流通，将使周边国家对中国经济产生一定依赖性，中国经济发展状况以及经济金融政策的变化将对这些国家产生较大影响，使得中国在区域经济乃至全球经济事务中具有更大的话语权和影响力，从而进一步促进中国与区域经济的一体化进程。

第二节　人民币离岸业务开放下的国内资本市场

人民币国际化意味着境内外人民币的自由流动，国内资本市场的逐步开放是人民币实现跨境回流的前提。目前，中国的资本市场相对封闭，境外持有人民币更多的是基于人民币升值预期下产生的投机需求。随着人民币离岸市场的开放，中国资本市场应当逐步调整，实现债券、股票等的投资自由，并积极开发人民币金融衍生品，以促进人民币回流机制的形成。

一、发达的资本市场是货币国际化的重要条件

发达的金融市场是一国货币国际化的重要支撑。威廉姆森（Williams，1968）认为，货币国际化的实现更多地依赖国内金融市场的发达程度。伯格斯坦（Bergsten，1975）认为，拥有较为成熟且开放程度较高的资本市场是一国货币成为国际货币的必要经济条件之一。历史上，纽约、伦敦发达的金融市场对提升美元、英镑的国际地位发挥过巨大的推动作用。同样，法兰克福成为欧元区的中心、东京国际金融市场的建立分别对欧元、日元的国际化起到了非常积极的作用。在人民币国际化进程中，要使经国际贸易等渠道输出的人民币为境外居民长期持有，而不是出于升值预期的投机性持有，作为人民币的发行国，中国要通过资本市场提供各种各样的金融投资工具，满足境外人民币持有者的安全性、盈利性和流动性要求。

（一）发达资本市场为国际化货币提供通畅的投资渠道

由图 4.1 可以看出，美元、欧元、英镑都有强大的资本市场支撑，而且这些资本市场国际化程度很高，对持有本国货币的外

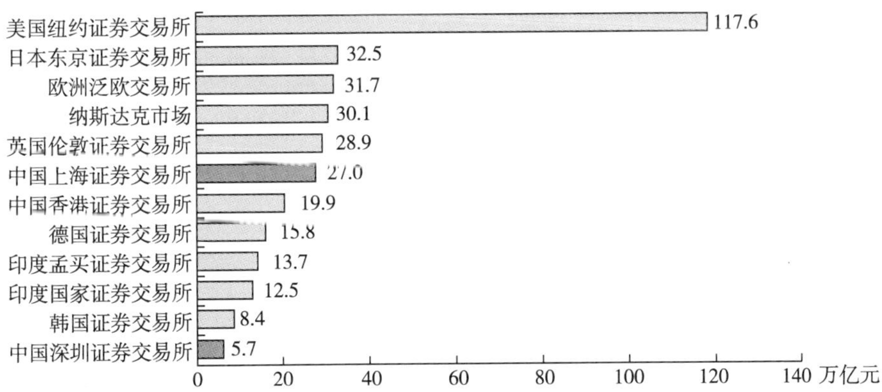

资料来源：中国证监会：《中国资本市场发展报告》。

图 4.1　2007 年底世界主要证券交易所上市公司总市值比较

国投资者基本完全开放。以香港居民为例，如果持有美元、欧元或者英镑，就可以方便地在证券代理机构那里直接开立账户，购买纽约证券交易所、欧洲泛欧交易所、伦敦证券交易所的股票或上市债券，获取相应的收益。

当前中国资本市场的开放主要是面向国外证券机构和机构投资者的开放，方式是引入美元投资 B 股或美元在境内兑换成人民币投资 A 股，境外居民尚不能用持有的人民币直接投资于境内 A 股。目前的资本市场开放模式，沿袭了对外贸易中的重“创汇”而轻人民币的思路，在巩固美元投资货币地位的同时剥夺了境外人民币的投资功能。因此，加快资本市场建设对于人民币国际化有着十分积极的意义。

（二）将境外人民币投机性持有转化为投资性持有

现阶段，境外居民持有人民币的动机主要是升值预期，这种人民币持有方式是不稳定的、不可持续的。美国向境外美元持有者提供国债、股票等投资工具，并非因为境外筹资成本低，而是以国债、股票等投资工具的投资收益支持境外居民长期持有美元。事实上，一旦境外投资者都愿意持有美元或美元资产而不转为其他货币储备，美国只用开动机器印刷钞票而无须过分担心支付国债利息等成本。

人民币国际化始于贸易规模扩大和升值预期下市场的自然演进，人民币国际化的进一步深化有赖于必要的制度安排。如果没有适当的投资工具和投资渠道，由升值预期形成的人民币国际化，必然会随预期的消失而弱化。通过输出人民币，我们取得实物资本，扣除支付的利息、股息等成本，对中国而言仍然是正收益。因此，维护稳定的境外人民币投资性持有符合中国的经济利益。

二、国内资本市场的调整方向

资本市场的成长壮大是人民币国际化的必然要求，而开放人民币离岸市场是人民币国际化的一个重要阶段，必须有监管地、稳步地推动资本市场开放，形成人民币的回流机制。因此，随着人民币离岸业务的开放，必然要求资本市场进行一些相应的调整。

（一）支持国内企业从海外上市到回归A股

由于中国资本市场上的资源有限，很多绩优公司转而去中国香港或者美国纽约上市融资。随着人民币国际化的实现，国外资本将会大量进入国内资本市场，原先在海外上市的公司能够在国内资本市场中找到充足的资金。在境外资本市场监管严格，上市成本相对较高的情况下，业绩优秀的公司转向国内融资不失为一种很好的选择。在有着良好上市公司资源的前提下，人民币的国际化能够大大提高国内资本市场上的需求，促使绩优企业回归国内资本市场。

（二）允许国外资金参与企业并购

资本市场历来是企业并购最为活跃的场所，并购重组是资源配置的重要手段，能实现资源的重新整合，提高效率，增加企业的创新活力。外资参与并购在中国已有部分成功案例，它促使了国际资本与国内资本的融合，为中国企业注入新的活力。允许外资进入国内资本市场，会刺激企业并购活动的进行，改善资本市场资源配置的效率，促进上市公司的优化组合，提高生产效率和生产能力带动中国整体经济竞争力的增强。

第三节　人民币跨境流动机制建设现状

跨境人民币结算、双边货币互换以及内地同港澳之间的旅游、探亲等往来是现阶段人民币跨境流动的主要形式。以人民币离岸金融中心为枢纽，可以建立合理、可控的境内外人民币流动机制。

一、跨境人民币结算试点

2008 年 12 月 24 日，国务院常务会议提出，在广东和长江三角洲地区与港澳地区、广西和云南与东盟的货物贸易进行人民币结算试点；2009 年 4 月 8 日，国务院会议决定按照“双试点”（试点区域、试点企业）原则在上海市和广东省广州、深圳、珠海、东莞 4 城市开展跨境贸易人民币结算试点，境外地域范围暂定为港澳地区和东盟国家，广东省 4 个试点城市首批共 300 家试点企业，其中广州 100 家、珠海 39 家、深圳 39 家、东莞 122 家；2009 年 7 月 7 日，中国银行广东省分行为广东省丝绸纺织集团有限公司办理了首笔跨境贸易人民币结算业务，标志着酝酿已久的广东与港澳、东盟地区跨境贸易人民币结算正式拉开序幕，人民币在国际贸易结算中正式成为支付结算货币；2010 年 6 月 22 日，中国人民银行、财政部、商务部、海关总署、税务总局和银监会联合发布《关于扩大跨境贸易人民币结算试点有关问题的通知》，将跨境贸易人民币结算试点范围由上海市和广东省的 4 个城市扩大到北京、天津、内蒙古、辽宁、上海、江苏、浙江、福建、山东、湖北、广东、广西、海南、重庆、四川、云南、吉林、黑龙江、西藏、新疆 20 个省（自治区、直辖市），同时不再限制境外地域，结算业务范围扩大到服务贸易和其他经常项目结算业务，企业可按市场原则选择使用人民币结算。

2010 年 7 月 19 日，中国人民银行和中银香港签署了修订后的《香港银行人民币业务的清算协议》，与香港金管局就扩大人民币贸易结算安排签订了补充合作备忘录，根据清算协议，不再限制香港的银行为金融机构开设人民币账户和提供各类服务，个人和企业相互之间也可以通过银行自由进行人民币资金的支付和转账。2010 年 8 月 16 日，中国人民银行发布《关于境外人民币清算行等三类机构运用人民币投资银行间债券市场试点有关事宜的通知》，允许香港、澳门人民币业务清算行、跨境贸易人民币结算境外参加银行和境外中央银行或货币当局进入银行间债券市场投资试点，打开了人民币回流渠道，拓宽了境外机构运用人民币的空间，一系列以人民币计价的金融产品将在香港陆续推出，比如，2010 年 9 月中国银行在香港发行 50 亿元人民币债券获得了超过 5 倍的认购，从而大大提升了人民币作为结算货币的吸引力，把香港的人民币业务平台推上了一个新台阶，有助于跨境贸易人民币结算业务的深入开展（见表 4.1）。

表 4.1　　近年来跨境贸易人民币结算业务

时间	主要事件
2008 年 12 月 24 日	国务院决定对广东和长江三角洲地区与港澳地区、广西和云南与东盟的货物贸易进行人民币结算试点。
2008 年 12 月 31 日	国家发展改革委正式公布《珠江三角洲地区改革发展规划纲要（2008—2020)》，其中明确提出：支持港澳地区银行人民币业务稳健发展，开展对港澳地区贸易项下使用人民币计价、结算试点。
2009 年 1 月 20 日	中国人民银行与香港金管局签署为期三年总规模 2 000 亿元人民币（约 2 270亿港元）的货币互换协议，以推动两地人民币贸易结算业务的发展。

续表

时间	主要事件
2009 年 4 月 8 日	国务院决定在上海市和广东省广州、深圳、珠海、东莞 4 城市先行开展跨境贸易人民币结算试点工作，境外地域范围暂定为港澳地区和东盟。
2009 年 6 月 29 日	中国人民银行行长周小川与香港金管局总裁任志刚在香港机场签订补充合作备忘录，标志着内港两地人民币贸易结算准备就绪。
2009 年 7 月 2 日 2009 年 7 月 3 日	中国人民银行分别公布了《跨境贸易人民币结算试点管理办法》及其《实施细则》，正式开通货物贸易项下的人民币结算通道。
2009 年 7 月 6 日	中国银行和交通银行的上海市分行分别完成了第一笔跨境贸易人民币汇入、汇出汇款业务，标志着人民币在国际贸易结算中成为支付结算货币。
2009 年 7 月 7 日	中国银行广东省分行为广东省丝绸纺织集团有限公司办理了首笔跨境贸易人民币结算业务，标志着广东与港澳、东盟地区跨境贸易人民币结算正式拉开序幕。
2010 年 6 月 22 日	跨境贸易人民币结算试点扩至 20 个省（自治区、直辖市），境外地域扩至所有国家，结算业务范围扩大到服务贸易和其他经常项目结算业务。
2010 年 7 月 19 日	中国人民银行和中银香港签署了修订后的《香港银行人民币业务的清算协议》，与香港金管局就扩大人民币贸易结算安排签订了补充合作备忘录。
2010 年 8 月 16 日	中国人民银行发布《关于境外人民币清算行等三类机构运用人民币投资银行间债券市场试点有关事宜的通知》，允许境外机构进入银行间债券市场投资试点。

资料来源：根据相关资料整理而得。

二、货币双边互换的进展

早在 1993 年，中国人民银行就与 8 个周边地区和国家中央银行签署了边贸本币结算协定。经过十多年的发展，中国与越南、缅甸的边境贸易中人民币作为支付手段被广泛使用，云南和广西地区的边贸结算有 80% 以上使用人民币结算，人民币在这些国家具有很高的接受程度。1997 年亚洲金融危机之后，通过跨境旅游和劳务输出等渠道，人民币现金大量进入中国港澳地区、新加坡、泰国、马来西亚、越南等市场，人民币现钞跨境流通逐步增多，人民币信用卡在这些周边国家出现。2003 年中国人民银行分别对香港和澳门银行开办的个人人民币业务做出了清算安排，中银香港和中国银行澳门分行分别作为当地唯一指定清算行承担了港澳地区人民币的清算职责，至此以后人民币在香港的业务发展进程迅速加快，人民币业务量及其需求空间得以大幅提升。

2008 年全球金融危机爆发后，为了推动双边贸易和投资，加强双边金融合作，中国人民银行先后与若干国家和地区货币当局签署了双边货币互换协议，使中国与这些国家和地区的货币合作深度和广度有了进一步拓展，增加了人民币的国际使用量和覆盖面，为人民币跨境结算提供了有力的资金支持和坚实的货币基础。目前，缅甸允许在出口贸易中使用人民币结算；人民币可在越南全境流通，越南国家银行开展了人民币储蓄业务；柬埔寨政府公开鼓励国民大量使用人民币；马来西亚将人民币作为其外汇储备之一；2005 年 11 月 5 日，印度储备银行宣布将人民币和港元纳入一篮子货币；菲律宾于 2006 年签署总统令，要求其中央银行将人民币作为外汇储备之一并已有银行开展人民币业务。通过多年来的发展，人民币在境外地区的流通使用范围越来越广、沉淀量也越来越多，人民币越来越高的认可程度为跨境贸易人民币结算提供了市场前提（见表 4.2）。

表 4.2　　近年来中国与周边经济体签订的双边货币互换协议

时　间	主要情况
2008 年 12 月 12 日	与韩国签署 1 800 亿元人民币的双边本币互换协议。
2009 年 1 月 20 日	与中国香港金管局签署 2 000 亿元人民币的双边本币互换协议。
2009 年 2 月 8 日	与马来西亚签署 800 亿元人民币的双边本币互换协议。
2009 年 3 月 11 日	与白俄罗斯签署 200 亿元人民币的双边本币互换协议。
2009 年 3 月 24 日	与印度尼西亚签署 1 000 亿元人民币的双边本币互换协议。
2009 年 3 月 29 日	与阿根廷签署 700 亿元人民币的双边本币互换协议。
2010 年 6 月 9 日	与冰岛签署了 35 亿元人民币的双边本币互换协议。
2010 年 7 月 23 日	与新加坡签署了 1 500 亿元人民币的双边本币互换协议。
总　计	8 035 亿元人民币。

第四节 人民币跨境流动机制与通道设计

2010年8月中旬，中国人民银行发布的《关于境外人民币清算行等三类机构运用人民币投资银行间债券市场试点有关事宜的通知》，成为人民币回流的一项制度性安排。人民币流动机制与通道的设计，应遵循人民币回流机制的建立、跨境结算范围的扩大、资本项目实现可兑换这一思路。

一、建立人民币回流机制的必要性

人民币回流机制建设是实现人民币自由兑换必须的一步，是提高人民币使用价值的重要策略。在资本项目还未开放，离岸金融市场尚未建立，黄金储备还不够巨大等背景下，考虑到全面开放人民币跨境流通存在较大的风险，先做人民币回流，使人民币能够在境内外循环流动，无疑是一种方法。在中国与不少国家或地区签署货币互换协议后，逐步走向以人民币或对方货币作为结算货币已是向前跨了一大步。当对方持有大量人民币后，要让人民币作为一种储备货币并能流通，就必须建立人民币回流机制。

在现阶段，应当在香港人民币金融市场和内地人民币金融市场之间建立多个可控的渠道，通过两地金融机构之间的同业交易，有序地引导人民币资金回流内地。目前中国人民银行已经允许外国中央银行、港澳地区人民币清算行以及人民币结算境外参加银行将其核定额度的人民币结算资金通过银行间市场的渠道投资于银行间市场的产品，开启了港澳地区人民币回流的渠道。人民币回流机制的建立对于人民币在更广范围内充当国际贸易的结算货币，进而对人民币国际化具有重要的推动作用。人民币回流机制的建立，还使得人民币的市场供求关系得到进一步理顺，从而对人民币汇率形成机制改革也有一定的促进作用。

人民币回流机制的建立增加了境外人民币的投资渠道，使境外机构持有的人民币有机会获得一个比较好的投资回报，这就能增强人民币的吸引力，提高境外机构持有人民币的意愿。当境外非居民部门对人民币的需求逐步扩大之后，就会进而增加人民币兑换业务需求。从实际情况看，在银行间债券市场开放之后，香港市场上人民币非官方汇率呈上升趋势，并且参与银行间债券市场的境外机构在增加。这进一步证明了人民币的吸引力在不断增加。从这点上来讲，人民币回流机制建设可以间接地促进人民币的自由兑换。

二、通过债券市场回流人民币

国际上比较通行的做法是通过债券市场回流本币。债券市场规模较大，风险较小，是一个比较理想的本币回流市场。在制度安排上，应当先考虑银行间债券市场，然后逐步扩展到国债市场。

由于银行间债券市场规模较大，约 20 多万亿元人民币，而每年人民币回流大概为几百亿元。因此，将银行间债券市场作为人民币回流的一个试验点，对宏观经济和金融不会有太大的影响。当条件成熟以后，可以考虑将人民币回流扩展到股票市场，在债券和股票市场发展成熟之后，还可以扩展到其他市场。这样逐步推进，既能较好控制风险、规范管理，又能提高投资者的回报。

境外人民币通过银行间债券市场试点回流的主要原因有：一是贸易结算账户都在银行开立，境外的人民币清算行将人民币资金回流到境内投资，最便捷的通道就是银行间的金融产品，这要比将资金投资到证券交易所交易的金融产品更方便。二是便于中央银行对回流资金进行监管。目前银行间债券市场是由中国人民银行监管的，人民币的流通和外汇兑换等也是人民银行负责管理的。如果允许回流的人民币在证券交易所投资，则涉及证监会的管理，容易在试点初期形成多头管理。三是银行间债券市场是最大的债券市场，交易规模远远大于交易所交易的债券数量，交易品种也比交易所多得多。人民币贸易结算资金进入银行间市场对于银行间市场的发展也是有利的，它可以使交易更加活跃，增加交易的规模，对于银行间市场未来的开放和国际化都有重要的意义。

此外，可以考虑增加在香港市场发行以人民币计价债券的额度。香港市场比较成熟，制度比较完善，操作风险比较小，国际化程度也比较高，可以吸引大量国际投资机构参与。目前香港对以人民币计价的债券比较欢迎。通过香港发行人民币计价的债券，可以摸索一些风险控制、制度设计的经验，为境内进一步的开放做好准备。

三、渐进地开放资本账户

资本项目的开放是一国金融不断深化的必然进程，也是一个国家综合实力不断增强的体现。可以说，资本项目放松管制已经成为金融全球化的重要内容。

目前中国已实现了资本项目部分可兑换。参照国际货币基金组织编制的《汇兑安排与汇兑限制年报》将资本项目分为 7 大类共 43 项的分类，中国资本项目中可兑换的有 8 项，占 18.6%；有较少限制的有 11 项，占 25.6%；有较多限制的有 18 项，占

41.9%；严格管制的有6项，占13.9%。从整体来看，目前中国资本项目已实现了部分可兑换，严格管制的项目不到20%。2005年，中国又开放了一些资本项目，比如，在银行间债券市场引入外国投资者，允许国际金融机构在境内发行人民币债券，以及允许中国保险公司外汇资金境外运用等。从整体上来看，虽然中国依然实施外汇管制，但中国对国际资本流动的管制大大减少，资本项目的开放程度已达到较高水平。

发展中国家资本项目开放的步骤一般为：先放宽长期资本流出入的管制，再放宽短期资本流出入管制；先放宽对直接投资的管制，再放宽对间接投资的管制；先放开对证券投资的管制，再放开对银行信贷的管制；先放开对境外筹资的管制，再放开非居民境内筹资的管制；先放开对金融机构的管制，再放开非金融机构和居民个人的管制。中国可以参照其他发展中国家的经验，分阶段逐步实现资本项目可兑换。现在人民币贸易结算资金可以投资于债券等金融产品，这是中国资本账户开放的一个举措。债券也是资本市场的金融工具，只是现在海外投资于这一产品的人民币资金必须是贸易结算账户的资金。未来随着人民币在海外被接受程度的不断提高，对于这方面的限制就会逐渐被取消，当海外金融机构和其他法人甚至自然人可以自由投资中国的债券和股票时，人民币就完全自由兑换了。这个过程的长短不仅取决于中国经济实力的提高，还取决于国际金融体系改革和完善的程度，以及对国际金融市场监管措施的改进。只要跨国垄断金融集团在国际市场上投机和操纵市场的行为无法受到有效的国际监管，我们就必须用一些固有的管制措施来防范对中国金融市场的冲击。对资本账户进行管制，从而将国内金融市场和国际金融市场人为地分割开来，是应对国际市场投机活动冲击的有效手段。

2008年金融危机爆发后，为了配合人民币国际化，中国不断推动资本项目开放，人民币跨境贸易结算从2009年的5个省（直辖市）试点扩大到2010年的20个省（自治区、直辖市）试点，进展迅速。在中国人民银行宣布重启汇改之后，人民银行和香港金管局就人民币贸易结算再次做出新的安排，内地与香港的同业合作由现时的跨境账户清算进一步扩大至储蓄、理财产品和各项金融产品方面的合作。中国人民银行上海总部宣布上海市计划开展资本项目下人民币结算试点项目。总体而言，渐进地开放资本项目与稳步推进人民币国际化是互相协调，互相促进的。

第五节　离岸人民币流动性对货币政策的影响

货币政策是通过运用贷款限额、中央银行贷款、公开市场操作、再贷款与再贴现、法定准备金、利率和汇率政策等货币政策工具，调节货币供应量、基准利率、社会信贷总量，从而影响社会经济的运行。人民币离岸市场的建立在对香港和内地经济发展带来好处的同时，可能对中国的货币政策产生多个方面的影响。

一、离岸金融业务模式选择与人民币的内外流动[①]

目前中国尚未解除外汇管制，尚未实现人民币资本项目的自由兑换，金融业尚未实现完全的自由化，为了维持金融秩序稳定和市场健康运行，保障在岸金融外汇政策措施的调控效果，应首先采取分离型[②]离岸金融业务模式，以维护中国货币政策的独立

① 鲁国强：“发展我国离岸金融市场的若干思考”，载《理论探索》，2007年第6期，第99-102页。

② 对于离岸金融市场存在不同的分类，本书借鉴连平（1997）的分类方法，分为一体型、分离型、簿记型和渗漏型。关于这四种类别详见本章第六节。

性。如果贸然采用渗漏型离岸金融模式，当国内为抑制经济过热或通货膨胀而采取诸如提高法定存款准备金、提高利率、发行国债或票据、限制信贷资金投放等紧缩银根的措施时，国内机构会很容易从离岸金融市场借入低成本资金，在一定程度上抵消了紧缩性货币政策的效力；如为刺激经济实行宽松货币政策如降低利率、扩大国内货币信贷规模等时，国内工商企业或银行又可能将资金调往离岸金融市场，使政府的扩张目的难以实现，国内货币政策的效果难以把握。分离型离岸金融业务模式是一套针对非居民的金融制度安排，同东道国国内金融体系内的货币绝缘，对在岸金融市场影响不大。

然而，长期采取内外分离型模式从政策上杜绝了国际离岸资金向国内市场渗透，不利于利用外资推动经济发展，发展离岸金融中心的意义和必要性大打折扣。离岸金融市场管理模式并不是一成不变的，它是随着经济的发展水平和监管体制的不断健全以及国际形势的变化而变化的。一旦中国离岸金融市场建设基本成熟，实际运行稳健并积累了足够的市场管理经验之后，可以在内外分离的基础上允许离岸资金有限制地渗透。不过，在资金渗透的方向上要循序渐进，建议初期规定渗透方向为只能渗入，不能渗出，在银行离岸与非离岸账户之间设立一个单向的过渡科目，作为离岸资金流入的必经账目。当市场发展成熟时，可以允许在离岸账户和在岸账户之间进行有条件的双向渗透。在资金渗透的渠道上，最初可允许离岸资金放贷给国内企业这种间接融资方式，待离岸金融市场发展成熟之后，逐步放开让境内企业到离岸市场发行债券、股票等进行直接融资。在渗透的规模上，要限定较低的“渗透”比例和额度，以免资金大规模地进入在岸市场。

二、离岸人民币流动对货币政策的影响[①]

一是使中央银行信贷调控面临困难。离岸人民币资金流入会直接增加中国的货币投放，可能导致人民币供应量失控，如果不及时采取有效的对冲措施，会产生通胀压力。由于离岸金融市场和世界金融市场整合为一，人民币资本数量大幅度增加，其规模之大可能完全超出预期，当对其估计不足或措施不当时，可能使国内的货币政策丧失独立性与效力，造成货币政策控制的效应降低，进而影响整个宏观环境。离岸金融市场业务的非准备金化，可能导致人民币流动性的扩充无法节制，从而造成中央银行信贷管理的困难，引发一系列难以预料的结果。当商业银行从人民币离岸金融市场筹资向国内企业大量放贷时，国内的货币供应将受到扩张的压力，特别是当前国内经济情况处于持续上升阶段，中央银行对某些投资过热部门的信贷紧缩可能根本起不了作用。此时国内资金状况变得相当宽松，国内信贷迅速扩张，加剧了国内货币供应膨胀的压力，冲击国内货币政策的运行，结果可能导致严重的通货膨胀。

二是加大了世界经济波动对中国货币政策的冲击。离岸人民币本质上行使世界货币职能，其利率和汇率水平必受世界经济影响。中国经济规模在世界总经济规模中的比重大约为二十分之一，同欧盟、美国、日本的经济规模相比是很小的。因此，世界经济波动对离岸人民币利率和汇率的影响力远大于中国货币政策的影响力。如果中国经济周期与世界经济周期不同步，中国货币政策效力就会被世界经济波动所冲减，严重的情况下中国会完全

① 王冬梅：《香港人民币离岸金融中心的建立及其对内地货币政策的影响》，兰州大学硕士论文，2006 年。

丧失对人民币利率和汇率的决定地位。在这方面，美国与中国的情况完全不同。美国的经济规模约占世界经济规模的三分之一，世界经济的波动很大程度上受美国经济影响，无论是在岸美元市场还是离岸美元市场，美元的利率和汇率波动都主要反映美国的经济状况和货币政策导向，美国的货币政策可以通过美元的利率和汇率波动影响其他国家的货币稳定，其他国家的货币政策对世界经济的影响却很有限。

三是加大中国的资产价格的波动幅度。离岸短期资金往往流向国内的货币市场、证券市场，导致国内资产价格的大幅上扬，甚至出现资产价格泡沫。一旦短期资本撤出，国内资产价格会出现大量“缩水”，并产生负的“财富效应”，导致居民消费大幅下降，出现有效需求不足，形成经济衰退。中国的汇率制度处于改革之中，国际外汇市场上的投机者，也有可能利用离岸市场来对人民币的汇率制度进行冲击，加大内地货币市场、资本市场不稳定运行的因素。

第六节　人民币离岸市场的设立与风险管理

人民币离岸市场的设立是人民币国际化的一个前提条件，本节将重点研究适合中国国情的人民币离岸中心的类型和途径，并提出风险管理的有关经验。

一、人民币离岸市场的总体构想

（一）离岸市场的类型

1. 一体型离岸金融市场

一体型离岸金融市场的特点是将在岸金融市场与离岸金融市

场的业务融为一体，居民和非居民均可从事各种货币的存款和贷款业务，银行的离岸业务和在岸业务没有严格的界限，合账处理。该类型也称为伦敦型金融市场。伦敦金融市场能够将离岸业务和在岸业务混合经营是由于伦敦拥有发达的金融市场，能够承载复杂的金融业务，英镑拥有良好的信誉。

中国香港属于一体型离岸金融市场。香港同样拥有发达的金融市场，通过将港元汇价同美元长期绑定，使港元同国际货币美元拥有了同样的稳定性和信誉度，为一体型离岸金融市场的建立创造了条件。可见，一体型离岸金融市场的建立，既要拥有发达的金融市场，同时本币同离岸业务中交易的重要货币之间有较好的稳定性。

2. 分离型离岸金融市场

分离型离岸金融市场的特点是将在岸金融业务与离岸金融业务分账处理，居民的存贷款业务和非居民的存贷款业务分开，银行的在岸交易与离岸交易分开等。其目的在于防止离岸金融交易活动影响本国货币金融政策，体现了严格的金融管制思想。

纽约离岸金融市场属于分离型市场。1981 年美联储同意设立国际银行业设施之后，纽约离岸金融业务得到快速发展。其主要交易对象是非居民，筹资仅为吸收外国居民、银行和公司的存款，存款不受美国国内相关银行法规的限制。但美国对于离岸金融业务和在岸业务进行严格分离，以便保障境内金融业务的安全。由于美元是最重要的国际货币，而纽约离岸金融市场主要交易币种是欧洲美元，所以纽约离岸市场是以本国货币作为主要交易货币。纽约同伦敦相比，都拥有信誉较高的国际货币和发达的金融市场。不同的是，在对待离岸金融市场的措施上，英国更偏向于运用灵活的利率政策，而美国则偏向于严格的金融管制。

3. 簿记型离岸金融市场

簿记型离岸金融市场的特点是该类市场没有实际的离岸金融交易，只是办理其他市场交易的记账业务。由于某些国家或地区对金融业务征收极低的银行利润税和营业税，并且在这些地方开办银行分行的费用较低，许多银行为了逃避交易市场所在地税收和降低成本，纷纷在这些地区开展离岸金融业务。因而此类离岸金融市场又被称为逃税型离岸金融市场或逃税港，像巴哈马、开罗、巴林和开曼群岛的离岸金融市场等均属于此种类型。

簿记型离岸金融市场的建立条件很低，不需要发达金融市场和币值稳定的本币作为保证，其金融业务也没有本地贸易和投资业务作为依托，因而抗击金融冲击的能力较差。

4. 渗漏型离岸金融市场

渗漏型离岸金融市场的特点是离岸业务和在岸业务分立两大账户，但居民可以向离岸账户借款和投资，金融监管当局对此加以严格的限制和管理，雅加达和新加坡都具有渗漏型离岸金融市场的特点。渗漏型离岸金融市场最突出的特点是离岸资金可贷放给居民，这在一定程度上满足了本地企业对资金的需求，但为金融监管带来隐患。一旦遭遇金融冲击，当本地区不拥有发达的金融市场和币值稳定的本币时，必然面临巨大的金融风险。

（二）人民币离岸市场的基本定位

由于人民币不是国际货币，离岸金融市场都是以美元、英镑等国际货币为主要交易币种，因而建立以人民币为主要交易币种的离岸金融市场势必遭遇巨大阻力。①

为了促进周边国家对人民币的认可和增强人民币在国际市场上的流动性，中国大力推出人民币跨境贸易结算，并积极加以推广。为了提高人民币在周边流通的规范化程度，并为人民币跨境贸易结算提供有效保障，建立人民币离岸市场应坚持以下几方面基本定位。

一是人民币离岸市场应该以分离型离岸金融市场为基础。人民币离岸市场的建立是为了促进人民币在境外的充分流通，实现人民币的周边化，并为人民币国际化进程的不断深入奠定基础。人民币离岸市场成立后的主要交易币种为人民币和周边其他国家货币，所有交易货币均不是主要国际货币，因此无论将人民币离岸市场设在哪里都面临着主要交易币种非硬通货币的问题。为了提高国际社会对人民币离岸市场的接受程度，应以分离型离岸金融市场为基础，将离岸金融业务和在岸金融业务进行严格分离，避免离岸金融业务对离岸市场当地境内业务的冲击。另外，应进一步完善人民币汇率定价机制，在满足国内目标的前提下尽量保证人民币汇率价值的稳定，逐步增强境外持有和使用人民币的信心，为人民币离岸市场的稳定运行提供可靠的保障。

二是促进人民币跨境贸易结算业务，增强人民币境外投资和储藏功能，是人民币离岸市场的首要目标。人民币离岸市场同人民币跨境贸易结算的有机结合，能够推动人民币作为结算货币、投资货币和储藏货币三种职能的相互促进。应大力推进人民币离

---

① 刘继广（2005）认为，人民币的非硬通货币地位不会影响人民币离岸市场建设，他提出的主要理由是人民币相对于美元币值的稳定和长期升值趋势，由此认为人民币离岸金融是一个长期的、渐进的发展过程。本书认为，人民币非硬通货币地位的特点决定了人民币离岸市场与现有主要离岸金融市场在风险控制机制上存在巨大差别，要解决人民币离岸市场交易货币非硬通货币的问题，需要在促进市场发展和控制金融风险之间寻找最优平衡点。

岸市场建设，并将促进人民币跨境贸易结算业务的有效推广作为离岸市场建设前期首要目标，积极推动人民币境外投资和储藏功能的增强，为人民币国际化进程的不断深入奠定基础。

三是加强金融监管，制定金融风险控制性措施，是人民币离岸市场有效运行建设的重要保障。由于当前中国国内金融市场规模较小，金融高端人才缺乏，金融创新和应对金融风险的能力存在较多不足，而人民币离岸金融市场会对中国货币供应量、银行管制与货币政策的实施都产生一定的影响，因此人民币离岸市场建设一定要充分注意对风险的控制和防范，尤其是避免离岸市场的金融风险对国内金融市场产生的冲击。为此应制定法规和制度加强对人民币离岸业务的监管，同时制定一系列金融风险控制性措施，减少离岸市场中人民币利率风险和汇率风险的产生，以及避免离岸金融市场风险扩散。

（三）人民币离岸市场建设的具体措施

1. 规范市场主体的市场准入制度

为了促进人民币离岸市场的健康和快速发展，可以先从中国内地银行和人民币离岸市场所在地银行中选取资本实力雄厚、信誉卓著和风险管理能力强的优质银行率先开展人民币离岸业务试点，待人民币离岸业务稳定运行之后再逐渐扩大审批范围，增加外国银行的参与。

中国银监会和人民币离岸市场所在地金融监管部门应对申请开办人民币离岸业务的银行进行严格审批。对申请人的资信状况和资本实力应加以严格要求，并对所允许从事的人民币离岸业务范围进行细致规定。通过实施严格的市场准入制度，对离岸市场主体进行规范，达到防范风险的目的。

2. 对人民币离岸金融业务进行严格监管

为了加强监管和规避金融风险，人民币离岸市场应该采用分离型离岸金融市场模式，将离岸金融业务和在岸金融业务严格分离，将市场参与主体限定为非居民，这样有助于对人民币离岸业务进行有效监管，避免在离岸业务和在岸业务交互中产生大量投机行为。为了避免离岸业务和在岸业务之间的相互影响，保障人民币离岸市场的稳定性和安全性，应当加强对离岸业务的金融监管。这包括两个方面的内容。

一是充分利用巴塞尔银行监管委员会发布的《巴塞尔资本协议》，保证人民币离岸市场制度建设与国际接轨。[①]《巴塞尔资本协议》是银行安全经营国际通用准则，2010 年已经公布了《巴塞尔资本协议Ⅲ》，对资本管理提出更高要求。据国际清算银行最新统计显示，全世界约有 100 多个国家采纳了《巴塞尔资本协议》。通过执行《巴塞尔资本协议》，有助于增强国际社会对人民币离岸市场广泛认可和接受，能够促进人民币离岸业务在有效监管下顺利开展。

二是中国银监会和人民币离岸市场所在地金融监管部门联合制定严格的监管措施。在《巴塞尔资本协议》的基础上，提高对离岸人民币存款准备金率的要求，进一步严格约束人民币离岸业务的操作流程，加强对金融机构吸收人民币活动的监管。要求经营人民币离岸业务的银行必须定期向中国银监会和人民币离岸市场所在地金融监管部门报送银行业务报表，以便于监管部门及时了解离岸人民币业务运作情况，及早采取措施应对风险。在人民币离岸金融市场的起步阶段，为了减少离岸市场自身的风险和给

① 徐明朝、高中良：“人民币离岸中心发展与监管研究”，载《金融理论与实践》，2008 年第 2 期，第 36－42 页。

中国内地带来的冲击，可以禁止或者限制离岸市场上部分人民币业务，也可以禁止或者限制同一金融机构的离岸人民币存款在离岸市场和中国内地分支机构之间的调拨。

3. 建立健全人民币跨境流通管理机制

一是要对人民币跨境流通进行严格监测。人民币跨境流通分为个人和机构两种渠道，对于个人跨境携带人民币现金的数量要设定上限，而对于企业机构要严格禁止跨境携带现金，仅允许通过金融机构转账，对人民币跨境流通要加以严格管理，避免由于大量资金在人民币离岸市场和中国内地之间频繁流动，给国内金融体系和离岸金融市场造成冲击。

二是建立离岸市场人民币储备池，及时调控人民币境外存量。当前很多学者认为，由于人民币在境外缺乏投资渠道，严重影响境外居民和非居民持有人民币的信心，提出应建立人民币流出和回流机制。保证人民币离岸市场稳定运行，保持境外人民币利率和汇率水平稳定，首要应注重保持离岸市场人民币储备水平稳定。为此，中国应建立离岸市场人民币储备池，中国人民银行根据离岸市场人民币供需变化，及时进行人民币现金输出和回流，调节离岸市场人民币储备池的规模，从而有效地保持离岸市场人民币利率和汇率水平的稳定。另外，运用离岸市场人民币储备池，能够将中国国内货币政策信号及时有效地传导到离岸市场，从而能够实现人民币离岸市场和中国内地金融市场的协调发展，有效地减少金融风险对中国内地市场的冲击。

二、人民币离岸市场的选取

（一）上海作为人民币离岸市场的优势

首先，上海是中国内地金融市场的中心，拥有完备的金融市场体系。其股票、债券、货币、外汇、商品期货、黄金、产权交易市场等全国性金融市场体系是其他国内城市无法比拟的。从金融机构资产规模来看，截至2010年末，上海银行业金融机构资产总额达到6.84万亿元，比2009年末增加0.58万亿元，同比增长9.3%。中国银行业金融机构资产总额为94.4万亿元，上海约占全国银行业金融机构总资产的7.2%。从金融市场在国际社会的影响力来看，上海金融市场无论是规模还是广度，都已具有相当的影响力。2010年上海证券交易所股票成交额（含投资基金）达到4.5万亿美元，居世界第三位，上海证券交易所股票市值达到2.7万亿美元，居世界第六位。上海黄金交易所黄金现货成交1.61万亿元，继续位居全球交易所市场黄金现货交易量第一位。由此可见，上海拥有相对发达的金融市场体系，能够为人民币离岸市场的建立提供良好的基础设施和环境保障。

其次，中国提出将上海建设成为国际金融中心的长期规划，为上海金融市场的发展提供了政策保障。2009年初，中国政府决定，到2020年要将上海基本建成与中国经济实力和人民币国际地位相适应的国际金融中心。在加强金融监管的同时，在上海要建立比较发达的多功能、多层次金融市场体系，提升金融服务水平，推动金融业务对外开放度。上海国际金融中心建设方案的提出，极大地增强了上海经济的潜力和活力，有利于中国的优质金融资源进一步向上海汇集，使得上海作为长江三角洲地区经济龙头和全国金融中心的地位更加突出。有了中央政策的长期支持，上海金融中心的发展速度必然加快，这为人民币离岸市场的建立提供了更为可靠的金融环境保障。

最后，上海是外资银行在中国的汇集地，拥有良好的外向型基础。截至2010年末，上海外资法人银行占全国总数的三分之二，总资产占全国外资法人银行总资产的85%以上，上海外资法人财产险公司占到全国的将近一半，全国一半以上的中外合资基金管理公司会聚上海，在中国内地城市中上海拥有绝对的金融外向型优势。人民币离岸市场的建立需要国内外银行和其他金融机构的广泛介入，尤其要吸引优秀外资银行的积极参与，才能够使得人民币离岸市场赢得国际社会的广泛认可。

（二）中国香港作为人民币离岸市场的优势

首先，中国香港拥有与中国内地最为密切的经贸联系。2003年中央政府与香港特别行政区签订了《关于建立更紧密经贸关系的安排》，该协议涉及货物贸易、服务贸易和贸易投资便利化等领域，为双方合作的深入开展奠定了基础。2008 年 12 月中国人民银行与香港金融管理局签署了规模为 2 000 亿元人民币/2 270 亿港元货币互换协议，加强了外界对香港金融稳定的信心，促进了地区金融稳定，为推动两地人民币贸易结算业务的充分发展奠定了基础。正是基于香港与内地特殊的关系，中央政府愿意在香港特别行政区建立人民币离岸金融市场，将香港作为人民币对外扩大流通的“桥头堡”。

其次，中国香港是人民币境外的主要流通地，对人民币离岸相关业务有较强的需求。从人民币在境外流通使用状况来看，自从银联卡在香港开通以来至 2010 年末，银联卡在香港的交易金额已激增至 1 748 亿元人民币。自 2009 年 6 月开展跨境人民币贸易试点到 2010 年末，香港跨境贸易人民币结算金额累计达 2 002. 73亿元，占全国结算金额约 40% 。① 在跨境人民币结算的带动下，香港人民币存款从 2008 年的 250 亿元左右迅速增长到

① 根据中国人民银行《2010 年国际金融市场报告》、人民银行广州分行统计数据计算得出。

2010 年末的 3 149 亿元，① 占已知人民币境外流通量和存量的绝大多数份额。稳定而充足的人民币存量是建立人民币离岸市场的前提保证，因此香港是建立人民币离岸市场的理想地点。

最后，中国香港作为东亚重要的金融中心，拥有良好的金融市场条件。人民币离岸金融市场应当建立在拥有完善金融基础设施和自由开放金融市场体系的地方，这样有利于提高人民币境外流通的效率，并有助于增强人民币的区域影响力。中国香港是东亚区域重要的金融中心之一，拥有开放的金融市场环境。从外汇市场交易的走势来看，香港市场的外汇交易规模虽然小于同一区域的日本和新加坡，但占全球份额超过 4%，且保持平稳增长，同日本和新加坡的差距不断缩小，同时在衍生品交易市场也表现出明显的活力。可见，中国香港拥有足够的对外金融活力和区域金融影响力，能够发挥人民币离岸金融市场的功能。

三、人民币离岸市场的风险控制

（一）人民币离岸市场的主要风险因素

人民币离岸市场存在着利率和汇率双重风险。利率风险指离岸市场利率直接同国际市场接轨，会出现人民币离岸市场的利率水平明显高于或低于在岸金融市场利率的情况，从而出现套利机会，引起资本大规模的流动，对中国内地金融市场造成冲击。汇率风险是指在离岸市场上的人民币对主要货币的汇价同人民币官方汇价发生显著偏离，导致游资在两个市场间大规模流动，会对人民币汇率的相对稳定造成冲击。

在离岸市场上人民币利率和汇率水平的确定取决于离岸人民

① 香港金融管理局：《金融数据月报》，2011 年 1 月第一部分：金融统计数字摘要。

币供给和需求之间的平衡。离岸人民币的供给主要来自以人民币结算的中国进口和中国人民银行直接对外输出。离岸人民币的需求相对要复杂一些，包括以人民币结算的中国出口，境外持有人民币的投资需求和投机需求。对于影响离岸市场人民币供给和需求的各种因素，最值得关注的是人民币的投资需求和投机需求。投资需求是为了实现所持有人民币的保值和增值，投资需求大小同人民币利率水平呈正相关关系，当离岸市场人民币利率水平越高，人民币的投资需求越旺盛。只有充分保障境外持有人民币的保值和增值，实现人民币的投资和储藏职能，才能增强持有人民币的信心，为实现人民币的国际化奠定基础。而投机需求则是利用人民币在离岸市场和国际市场上汇率的价差，进行频繁的货币转换买卖。当在离岸市场上人民币相对于主要国际货币的汇率高于国际市场，人们会在离岸市场上将人民币兑换成主要国际货币，再到国际市场兑换成人民币，以套取其中的价差。如果在离岸市场上人民币投机需求旺盛，会导致中国采取的汇率调控政策失灵，造成人民币汇价的频繁波动，会影响到中国对外贸易的稳定发展。因而对于离岸市场上人民币的投资需求应该加以保障和引导，而对于投机需求则应加以有效控制，防范金融风险。

在离岸市场上最值得关注的是离岸人民币利率和汇率水平。当离岸市场人民币利率和汇率同中国内地人民币利率和汇率发生明显背离，并引发大规模套利活动，便会对离岸市场和中国内地市场均造成巨大冲击。因此需要分析离岸市场中人民币利率和汇率的形成机制，作为风险控制策略制定的基础。

（二）人民币离岸市场风险控制

一是发行短期债券，灵活调整离岸人民币利率水平。根据人民币的国际影响能力和人民币离岸市场的主要功能，离岸市场建立初期，离岸人民币的投资渠道将主要包括人民币境外存款和债券型有价证券。人民银行可以通过向人民币离岸市场发行人民币短期债券，作为离岸市场人民币投资的重要参考利率。当离岸人民币利率水平过低，影响离岸市场资金吸引能力时，人民银行可发行人民币短期债券，将债券收益率设定在离岸人民币利率水平之上，市场中持有人民币的投资者将选择购买短期债券，这将提高离岸人民币利率水平，拉动对离岸人民币的需求。另外，通过发行人民币短期债券，可以有效地控制人民币离岸市场和中国内地金融市场之间的利率差，能有效抑制离岸人民币的投机需求，从而达到控制两个市场利率风险的目的。因而，通过在离岸市场灵活发行人民币短期债券，能够有效地调节离岸人民币市场利率，具有引导投资需求、抑制投机需求和促进离岸市场稳定发展的作用。

二是建立离岸人民币储备池，引导离岸人民币汇价同国际市场保持稳定。为了保障离岸市场中人民币的存量满足贸易和投资的需求，防止出现人民币供需严重失调的情况，人民银行应利用离岸市场中具有广泛公信力的银行建立人民币储备池，运用储备池手段调整离岸市场上人民币的供应总量。

三是建立市场准入管理制度。为了更好地预防或降低离岸金融机构因倒闭、破产清偿带来的风险，监管部门通常设定市场准入管理，即离岸金融机构的设立和审批制度。监管部门对申请开办离岸金融业务和设立离岸分行的银行采用一定的审批手续。根据申请人的要求、资信状况以及资本实力分别颁发不同业务范围的牌照，并对持有不同牌照的离岸银行进行分类管理，明确规定离岸银行必须以分行建制，其总行作为最后偿债人，承担离岸金融业务经营风险，避免离岸分行因破产倒闭对东道国的冲击。在对外资银行进入选取时，尤其重视外资银行总行的资本是否雄厚、信誉是否卓著、经营是否稳健、内部风险控制体系是否健全、经营管理水平是否先进、融资渠道是否畅通等因素，防止外资银行潜在风险。

四是业务范围管理。对那些市场不够发达、离岸交易刚起步的发展中国家市场来说，离岸金融市场的业务范围可以集中在较小的范围内，即那些较简单的传统银行业务，因为这些业务的风险相对容易控制。等到离岸金融市场发展到一定程度，市场管理能力和水平有了较大提高后，才逐步扩大离岸金融业务范围。通常，离岸金融市场初期的业务范围包括存款、贷款及担保、同业拆放、外汇结算、自营和代客外汇买卖、发行和代理发行债券、债券投资等。另外，市场还运用巴塞尔银行监管委员会 1997 年发布的《有效银行监管的核心原则》，对离岸银行的信用风险、市场风险、利率风险、流动性风险、法律风险、声誉风险等各种风险实施全面风险管理，其中以流动性和资本充足率方面的管理要求尤为重要。

五是离岸账户与在岸账户管理。监管部门必须重视和防范通过离岸金融业务向在岸金融业务渗透而冲击国内金融市场的金融风险。特别是在渗透型离岸金融市场上，离岸账户虽与在岸账户分开，但离岸业务的存在及其活动的展开毕竟与在岸业务在时间上和空间上并存，因而二者相互影响。离岸市场相对于在岸市场，具有税收优惠的优势，若管理不严，有可能出现在岸业务进入离岸账户以便逃税的状况。离岸市场和在岸市场并存，离岸市场主要变量的波动必然会影响在岸市场同类变量，有时可能会产生决定性的影响，从而对国内金融市场造成一定的冲击。当然，随着市场开放的扩大，在岸市场和离岸市场的差距必然会缩小。

第七节 离岸市场对人民币汇率形成机制的影响

现阶段人民币国际地位的总体竞争力还不强，保持人民币内外价值稳定是其国际化的重要前提。当前中国经济仍倚重实体经济的发展，中国的企业仍处于价格竞争阶段，风险承受力弱，汇率的频繁波动必将使中国经济及企业面临巨大的经营风险和成本，从而影响中国经济的持续、稳定发展。从长期看，这会削弱人们对人民币价值稳定的信心，不利于人民币的国际化。因此研究离岸市场对人民币汇率形成机制的影响，有利于我们对风险的整体把握与防范，为人民币的国际化奠定基础。

一、离岸市场的建立对人民币汇率及外汇市场的影响①

美国经济学家保罗·克鲁格曼就开放经济下的政策选择问题提出了著名的“三元悖论”，即本国货币政策的独立性、汇率的稳定性、资本的完全流动性不能同时实现，最多只能同时满足两个目标。中国不可能放弃独立的货币政策，如果资本项目完全开放，汇率波动过大，又会对整体经济带来巨大的负面影响。人民币离岸市场的建立将在很大程度上缓解“三元悖论”这一困境，但也可能会带来一些负面的影响。

（一）离岸人民币汇率的示范效应

现阶段人民币汇率的形成带有政府干预色彩，并不完全由市场决定，这种人民币汇率形成机制不利于实现中国经济的对外均

---

① 黄静：《建立人民币离岸金融中心的问题研究》，华东师范大学硕士论文，2007 年。

衡。提高人民币汇率形成过程中的市场化因素是发展的趋势，而离岸人民币汇率能够在汇率市场化的过程中发挥示范作用。以目前香港的无本金交割远期人民币交易 NDF 为例，作为一种金融衍生品，它被用于对实行外汇管制的人民币进行离岸交易，交易双方确定交易的名义金额和远期汇率，在到期日前两天确定该货币的即期汇率，在到期日时交易双方根据远期汇率和即期汇率计算损益，由亏损方以美元形式交收给获益方。因此，在香港人民币离岸市场上形成的汇率，可以在一定程度上反映人民币汇兑的市场因素，对中国人民币汇率合理水平的形成具有一定的示范意义。

（二）丰富外汇市场的投资工具

香港作为一个国际性的外汇中心，从 20 世纪 70 年代末开始迅速发展，目前已成为全球第六大外汇市场。在香港市场中交易最活跃的货币组合是港元对美元的交易，其他货币组合的交易也有所增加，这反映出香港外汇市场的持续深化。如果在香港建立人民币离岸金融中心，可以在各种交易工具中加入人民币的组合，进一步丰富香港的外汇交易，巩固香港的国际金融中心地位。在时机成熟的时候，内地外汇市场也可以有步骤地引进和运用较为成熟的外汇交易工具，为外汇市场的发展提供经验借鉴。

（三）国际投机资本的冲击

离岸市场的汇率与在岸市场的汇率可能出现差异，使得套汇成为可能。首先，离岸市场上的人民币汇率存在管制差价。管制差价是在人民币受到管制的条件下离岸市场上以人民币作为基础货币的需求价格低于在岸市场的需求价格所形成的差价。因此，离岸金融市场人民币汇率的变化会受到在岸人民币汇率变化的影响。在其他影响离岸市场人民币供给和需求的因素不变的条件下，如果在岸市场的人民币汇率上升了，离岸市场人民币汇率也将随之上升，反之则相反。另外，在岸市场的人民币汇率也会受到离岸市场汇率的影响，当二者的差价过大时，人民币会在两个市场之间流动，以便进行套汇，最终两个汇率会趋于一致。值得注意的是，如果香港成为人民币的离岸金融中心，一旦内地人民币汇率发生严重低估或高估时，由于内地实行外汇管制，香港有可能出现人民币投机风潮，导致香港人民币汇率动荡，并且通过各种公开的或地下的套汇波及内地外汇市场，造成外汇市场的不稳定，进而影响国民经济。

二、汇率制度的选择：汇率目标区①

汇率目标区是指以某个特定的汇率水平为基准，上下各留有一定幅度的汇率浮动区间，这个特定的汇率水平为目标区的中心汇率，浮动区间的上下限成为目标区的边界。实际汇率在这一区间内可自由浮动，但一旦超过了上下限，政府就采取相应的措施，对外汇市场进行干预。克鲁格曼在目标区完全可信和完全边界干预两个假设下，建立了汇率目标区的基本模型，认为汇率是基本因素和将来预期汇率变动率的线性函数。其标准模型为

$$s = m + v + qE(\mathrm{d}s/\mathrm{d}t) \qquad (4.1)$$

其中，m 表示货币供给，v 表示除了货币供给和预期汇率变化的其余各项的变动，如实际产量和外国变量等，E（$\mathrm{d}s/\mathrm{d}t$）表示预期汇率变化率（Krugman，1991）。该模型有两个基本特征：一是蜜月效应，二是平滑移动条件。蜜月效应表示一个完全可信的目

① 张青龙：《人民币国际化问题研究》，复旦大学硕士论文，2006 年。

标区具有内在的稳定性。因为市场参与者预期汇率在接近上下限时货币当局会干预，这种预期会使市场参与者做出相应的市场操作，从而使汇率接近上限时开始回落，接近下限时开始回升。这种在汇率目标区内汇率具有的内在稳定性就是蜜月效应。平滑移动条件是汇率边界变动的条件，即汇率是沿着边界平滑移动的，其坡度逐渐减小，在完全可信的目标区制下，汇率变动曲线的斜率绝对值在任何时候都小于1，曲线的坡度比45度线更平缓，直至在目标区边界达到零斜率，曲线与边界水平线相切。这表明当汇率变动接近边缘时，市场参与者估计中央银行将干预，汇率变化对基本因素的反映程度减弱，汇率变动的趋势也就相对趋缓。这意味着汇率是基本因素的非线性函数。

从汇率目标区的特性上来讲，它兼具固定汇率制和浮动汇率制的优点。首先，汇率目标区的中心汇率和上下边界均相对固定，实际汇率的波动也基本上局限在一个相对稳定的范围内，当现实汇率贬值，汇率水平偏离中心汇率的幅度越大时，中央银行干预的可能性也越大，市场上会普遍预期汇率将在官方干预下升值而重新趋近中心汇率。反之，当现实汇率水平过度升值时也会有同样的力量促使其反向调整。这一预期会产生稳定作用，汇率的变动在不存在政府干预时也不会超出目标区范围，而保持在目标区内并且常常向中心汇率调整。这一类似于固定汇率制度的特点使得汇率变动的范围比较稳定，大大降低了汇率波动的不确定性，在一定时期内维持着一种比较稳定的汇率水平，避免了由基本面变动和市场投机力量所引发的汇率大幅波动，既能避免国际经济交往中结算和支付时的汇兑损失，又能维持人们对人民币价值稳定的信心。

其次，汇率目标区具有浮动汇率制的长处。在区间内汇率水平可较为自由的波动，使汇率保持较高的灵活性，在一定程度上能充分和迅速地反映国内经济状况的变化，使得人民币在真实价值和名义价值之间不至于出现大的偏差，从而可在很大程度上避免因价格信号过度扭曲导致的资源配置不当。中央银行无须在目标区内频繁地调节汇率，使政府有较大的空间运用货币政策和财政政策去实现国内的均衡目标，减少“三元悖论”带来的成本。因此，汇率目标区制应是发展人民币离岸金融市场阶段一种有效的汇率制度安排。

第五章

境外人民币需求与风险控制

人民币跨境结算的活跃不可避免地带来一系列连锁反应：首先，采用人民币结算的境外企业在获得某些贸易便利的同时，它们也不得不面临人民币汇率波动可能造成的汇兑损失，对冲人民币汇率风险成为它们一大难题；其次，使用人民币结算的企业会有个人民币账户，这个账户中现金流产生的收益以及如何对其管理以最大化企业利益也是一个必须给予关注的问题；再次，境外金融机构特别是银行在提供人民币结算业务服务时将积累大量的人民币资产和负债，这对境外银行的运营提出了一定的挑战；最后，跨境人民币结算预示着境外企业和个人对人民币的需求，意味着中国人民银行在制定货币政策时不仅仅要考虑国内的货币需求，而对这部分需求的准确预测也会对稳健有效的货币政策产生积极影响。

第一节　境外企业对人民币头寸的管理

境外企业认可人民币结算，愿意持有人民币头寸，主要是基于人民币的支付手段功能和价值储备功能。基于支付功能，持有人民币可以在中国进行直接投资（如开设工厂）以分享中国经济高速增长的成果，也可以购买中国的产品和服务；基于价值储备功能，人民币币值稳定，自 2005 年启动汇率改革以来，人民币对美元一直稳步升值。一个币值坚挺的货币，对投资者的吸引力自然不小，而且中国经济强劲，持有人民币购入中国资产（如股票、债券、房产等）还有可能获得资本收益。

一、直接投资或购买产品和服务

采用人民币结算的境外企业可直接使用人民币在中国进行投

资设厂。中国是最为吸引外商直接投资的大国，每年利用的外资高达上千亿美元（图 5.1 显示了近年来中国实际利用外资的情况）。当前，中国利用外资一般是外资企业准备一笔美元，在中国将美元兑换成人民币，再用人民币购买厂房设备，支付人员工资和企业日常开销。如果外资企业直接使用人民币进行投资，一方面它们可以省去货币兑换需要支付的手续费，另一方面也可消除汇率发生不利变动时遭受损失的风险，从而提高企业运营效率。例如，韩国的三星公司每年向中国出口大量的电子产品，同时三星公司在中国也设有大量的组装和生产工厂，如果三星公司在与中国贸易商交易时接受人民币结算，它可以简化很多货币兑换手续，为公司节约成本。

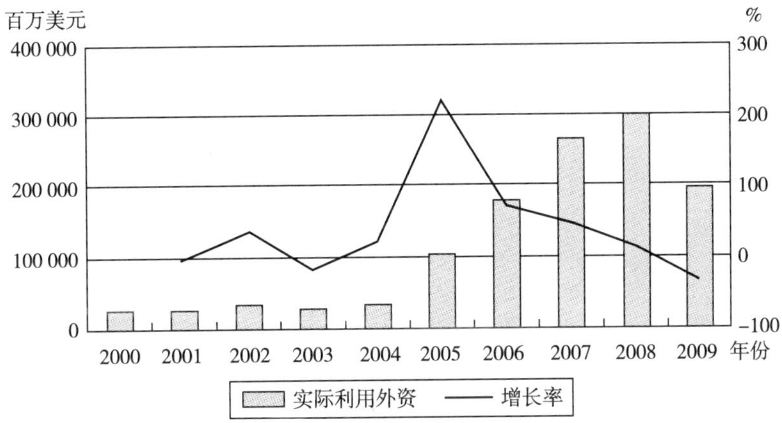

资料来源：CEIC.

图 5.1　2000—2009 年中国实际利用外资情况

采用人民币结算的境外企业还可以直接使用人民币从中国进口产品和服务。使用人民币购买中国产品和服务，其潜在好处是它同样省去了货币兑换的麻烦，并且有中国强大而高效生产能力作为支撑，人民币的购买力将十分有保障。

二、持有人民币存款或购买中国资产

采用人民币结算的境外企业可将持有的人民币头寸存入银行，以获得存款利息和人民币升值带来的收益。在强烈的人民币升值预期诱惑下，许多境外企业选择持有人民币存款。假如有一家香港 B 公司从内地某一进口商处收到 100 万元人民币的货款，公司预计 6 个月内现金流都比较充裕。这时，B 公司为了更好利用这笔人民币，它将 100 万元人民币做一个 6 个月人民币存款，假定 1 年期人民币存款利率是 2.5%，而港元 1 年期利率为 1%，当前人民币/港元的报价为 0.8575。6 个月后，人民币升值，汇率变为 0.8541，这时 B 公司取出存款，将人民币兑换成港元。与 B 公司一开始就将人民币兑换成港元相比，B 公司可获得 1.34 万港元的收益。[①]

另外，在人民币升值预期下，境外企业还可以购买人民币资产进行投机活动。投机活动一般只涉及流动性很强的资产，如股票、金融衍生工具等，这里将以股指期货为例说明一个投机者如何利用人民币进行投机活动。假定有一个美国的 QFII 认为未来 6 个月人民币对美元会升值，而且中国经济在 2011 年会继续保持强势，股市会有很好的表现。为此，该 QFII 从金融市场上借入 1 亿美元，6 个月期 LIBOR 为 0.46%，当前人民币/美元为 6.6618。QFII 将 1 亿美元兑换成人民币，买入沪深 300 期货 IF1106 合约，该合约当前价格为 3 300 美元，保证金比例为 18%，该 QFII 获得3 738手沪深 300 期货 IF1106 合约。[②] 6 个月

① 100×（1+2.5%/2）/0.8541－100/0.8575×（1+1%/2）＝1.34。

② 100 000 000×6.6618/（3 300×300×18%）＝3 738.3839，股指期货的最低单位为 1，精确到个位即为 3 738 手。

后，沪深300期货IF1106合约价格涨至3 500美元，人民币汇率升至6.6317，该QFII的最终盈利将达到0.3381亿美元，表5.1详细说明了该QFII的获利情况。

表5.1 美国QFII的获利情况

分项	计算过程
成本：本金和利息之和	1×（1+0.46%）
股指期货投机获利	（3 500－3 300）×300×3 738/6.6317
人民币汇率升值获利	（6.6618－6.6317）/6.6317
最终获利	0.3318

第二节 境外银行对人民币业务风险的管理

境外企业采用人民币作为结算货币，涉及人民币的管理和投资活动，而这些业务通常都是经过当地银行来实现的。境外银行在办理人民币业务的过程中，积累了人民币资产和负债，往往是各类金融风险汇集的地方。办理人民币业务的境外银行应当具有较高水准的经营管理能力，以及运营人民币资产和负债的能力。

一、人民币业务的风险

一是人民币交易风险，指银行在参与人民币交易过程中暴露的风险。它可以细分为三个类别：提供中介的人民币交易，指商业银行同客户买卖人民币，保证客户完成国际商业交易或国外投资；对冲性人民币交易，指商业银行以套期保值为目的，购买或出售人民币，以冲销客户或金融机构的人民币敞口头寸，从而防范外汇风险；投机性人民币交易，指商业银行基于对汇率走势的预测，以投机盈利为目的，购买或出售人民币。在中介服务中，商业银行仅仅是作为中介收取一定的手续费，本身基本不承担外汇风险。人民币对冲交易是防御性的，银行通过对冲交易，减少外汇风险。例如，银行可能会持有人民币外汇空头，抵补其持有的人民币多头。投机性人民币交易则是商业银行主动承担外汇风险，在汇率波动频繁而且幅度扩大的情况下，利用市场机会来赚取额外的利润。利用人民币投机赚取利润的方法多种多样，可以通过即期合约、远期合约、期货合约和期权合约中的任何一种或是结合一起使用。

二是人民币资产和负债的不匹配导致的风险。人民币资产和负债的合理管理会给银行带来可观利润，但如果管理失当，人民币资产和负债的头寸也会带来风险。银行作为外汇交易的主要参与者，会持有大量的外汇资产和负债，每个营业日结束后，银行的外汇资产和负债并不一定总是相等。在某一时间点，如果银行买入的某种外币与持有该种外币的资产之和，大于其卖出与负债之和，则称为多头；银行卖出的某种外币与持有该种外币的负债之和，大于买入与资产之和，则称为空头。银行持有的空头或多头称为“敞口头寸”。境外银行如果持有人民币多头，人民币贬值将给银行带来损失；如持有人民币空头，人民币升值将造成银行支付增加。因此，银行的人民币敞口头寸也是风险的重要来源。

二、人民币业务的风险控制

一是完善的公司治理结构。一些世界性的银行，都强调完善的公司治理结构是有效风险管理的基础。董事会、监事会具有很大的权力，能够对经营者进行有效的监督，督促经营者的经营行为和决策；董事会作为公司的最高权力机构，能够制定中长期发展战略和明确的风险控制政策，为经营者提供经营和管理目标，及时检验经营者的业绩并矫正公司偏离发展战略的经营行为。

二是严谨的作业流程。主要由四个部分组成：第一，标准化的金融报告。传统的银行风险管理金融报告都会列明认购标准、风险分类和审查标准，外汇风险报告则需记录现货与远期市场的各种货币头寸。第二，额度限制或准则。指预先对能够调拨资产的交易者，包括资产组合管理者、外汇交易员都设置额度限制，并要求其定期提交每项业务外汇风险暴露和限制情况的报告，这是外汇交易风险控制的主要方法。第三，投资指导原则和战略。指银行所选择的投资市场类型和区域所能容忍的外汇风险暴露，以及对系统性风险的套利活动等的规划。第四，激励和惩处机制。要求设计出“激励相容”的机制，使银行经营者利益与所有者尽可能一致，而在利益发生冲突的时候也能及时有效进行调节。

三是加强人民币交易头寸管理和人民币资产负债管理的技术监管。人民币交易头寸管理主要采用以下几个操作来完成：首先，即期头寸管理。即期头寸管理以即期人民币头寸为对象，对人民币多头抛出，对人民币空头则补进，把敞口头寸变为零，从而使银行的人民币业务风险得以消除。例如，恒生银行回收一笔10亿元人民币的贷款，于是它就持有了10亿元人民币的多头头寸，为了消除人民币汇率发生不利变动造成的损失，它选择在即期外汇市场出售10亿元人民币。其次，远期头寸管理。远期人民币交易也是买卖的金额相等，如果到期日不一致，需要进行头寸管理或是资金调整。例如，先到期的买入期汇，需要筹措本币资金去交割；后到期的卖出期汇也有人民币资金的筹措问题，其操作手法与即期头寸管理大致相同，都是消除银行的人民币敞口头寸。最后，综合头寸管理。银行的人民币业务每天既有即期买卖，也有远期买卖，业务量一般很大，交易也十分频繁，如果将这些交易严格区分然后逐笔管理，管理成本将非常高，并且即期头寸的调整有时需要远期交易加以配合，而远期抛补受到金额和到期日的限制，往往需要先通过即期抛补，然后通过掉期交易进行调整。因此，银行头寸管理时，通常不区分即期头寸和远期头寸，而是制定综合外汇头寸表，对综合差额进行抛补。

四是人民币资产负债的配对管理。银行的人民币资产负债的配对管理，是指通过对银行持有的人民币资产负债的时间、币种、利率、结构的配对，尽量减少由于经营人民币存贷款业务、投资业务等需要进行的外汇买卖，以减少风险。主要方法有：匹配人民币资产负债的到期日。在未来的任一时点上，银行应该尽可能地使到期的人民币资产能够并且恰好抵付到期的人民币负债。因此，银行需要分别统计人民币资产与人民币负债头寸到期日的搭配情况，对账户进行现金流量管理，对到期日不搭配的人民币资产和人民币负债进行调整，必要时对负债少于资产的部分进行融资，对负债多于资产的部分进行投资，制造新的期限相同的资产。当出现短期人民币负债长期使用时，应适当增加长期存款，压缩长期人民币贷款，活化沉淀资金，提高资金的流动性。当出现长期人民币负债短期运用时，不能盲目增大长期人民币贷款而机械地追求期限对称，必须调整负债结构，增加低成本负债。人民币负债结构的调整可以通过增量的调节来改变存款结构。

第三节　境外人民币需求

境外企业和个人对人民币的需求可以追溯到1998年东南亚金融危机时期中国政府宣布人民币不贬值的情况，当时东南亚各国的货币竞相贬值，由于区域内国家的经济结构相似，都是出口导向型经济，货币贬值恶化了这些国家的出口环境，使本已陷入困境的经济雪上加霜。中国政府人民币不贬值的决定对当时步履蹒跚的东南亚经济起了稳定器的作用。一是中国庞大的国内市场对这些国家具有很强的吸引力，二是货币贬值国家的产品在中国市场更具竞争力。人民币的国家信誉就是在那个时候开始建立的。

一、境外人民币需求的宏观环境

东南亚金融危机过后，中国在随后的2001年正式加入世界贸易组织，中国的对外贸易业得到快速发展，2007年中国超越德国成为仅次于美国的第二大贸易国，同年中国成为日本的第一大贸易伙伴国，2009年成为澳大利亚的第一大贸易伙伴国，2010年则成为非洲大陆的第一大贸易伙伴国。中国进出口商品总额从1998年的3 240.44亿美元增加到2009年的22 075.33亿美元，增长近7倍（见图5.2）。同期，中国每年接近或超过两位数的GDP增长使得2007年中国超越德国成为世界第三大经济体，虽然受2008年全球金融危机的影响，中国经济还是强劲复苏，并在2010年超越日本，成为全球第二大经济体。另外，自2005年7月和2010年6月中国先后两次启动人民币汇率改革，人民币汇率一直稳中有升，持有人民币可以获得一定的升值收益。所有这些因素都促使境外，特别是与中国经贸关系密切的周边国家和地区，对持有人民币的热情不断升温。

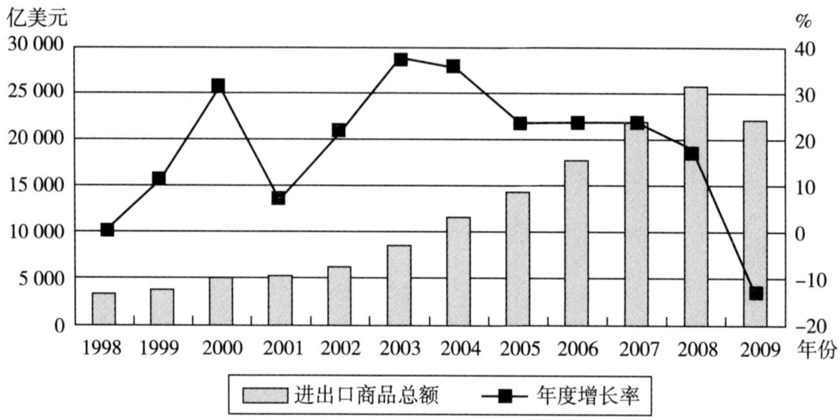

资料来源：Wind 资讯。

图 5.2　1998 年以来中国进出口贸易情况

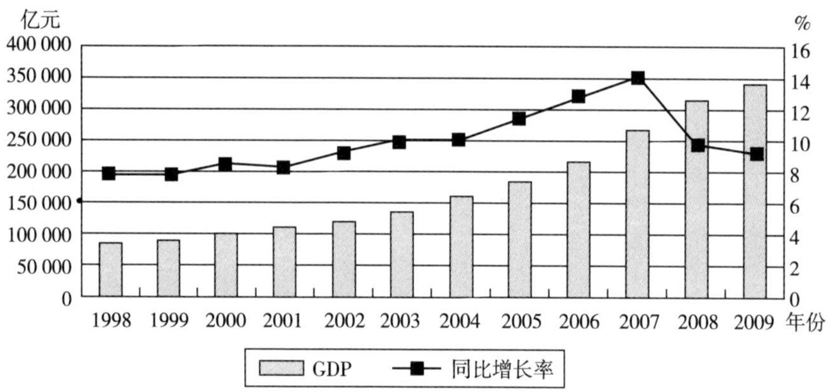

资料来源：Wind 资讯。

图 5.3　1998 年以来中国的 GDP 增长速度

二、境外人民币需求的预测方法

对人民币的境外需求规模测算主要有两种方法，即直接法和间接法。直接法通常是采用边境贸易额和游客跨境流出、流入等调查资料对人民币的境外持有量直接进行估计。间接法通常是采用缺口估计法，即通过扣除境内货币需求的数量从而间接求出人民币境外持有规模。

直接测算法简单易行，数据的获得也十分便捷，只要掌握边境贸易额和游客流出、流入的数据，就能很迅速地估计出结果。但直接测算法也有其致命弱点：首先，人民币流入、流出途径远不止边境贸易和出入境携带，直接测算法忽略了通过其他途径及非正常渠道（如地下钱庄等）流入、流出的人民币数量。其次，直接测算法本身具有很大的主观随意性。最后，直接测算法估算出来的数据是一个流量指标，境外人民币需求的存量指标也十分重要，流量指标和存量指标虽然联系紧密，但在规模上两者并无必然关联。

缺口估计法是基于货币需求函数提出的，它需要两个关键假设：第一，观察期内该国家的货币需求是稳定的，即存在一个稳定的货币需求函数；第二，观察期又可分为两个阶段，阶段 S_1 国内的货币没有外流现象，而阶段 S_2 国内的货币供应量除满足国内需求外，还需满足境外需求。因此，可以利用阶段 S_1 的数据估计出货币需求函数，再代入阶段 S_2 的数据估计出国内的货币需求量，最后将实际的货币供应量减去阶段 S_2 估计的货币需求量就可以估算出阶段 S_2 的境外货币需求量。下面将以凯恩斯的有效需求理论来分析缺口估计法估算境外人民币流通量的一般过程。

根据凯恩斯的有效需求理论，实际货币需求受到两个方面影响，消费需求（主要由收入决定）和投资需求（主要由利率决定）。理论上，实际货币需求的收入弹性大于零，而利率弹性则小于零[①]。同时，预期通货膨胀率可以作为实物资产的预期收益率，预期通货膨胀率也会影响货币的实际需求。因此，一国的实际货币需求取决于国民收入、利率水平以及预期的通货膨胀率。另外，在实践中，一国的地下经济（如黄、赌、毒、走私等）和货币化程度也对实际货币需求有重要影响。基于以上分析，建立如下的货币需求函数：

$$\frac{M_{0t}}{P_t}=\left(\frac{Y_t}{P_t}\right)^{a_1}\times(Tax_t)^{a_3}\times(X_t)^{a_4}\times e^{(a_0+a_2R_t)} \tag{5.1}$$

其中，M_{0t}为境内第 t 期的货币需求，Y_t为第 t 期的国民收入，R_t为扣除通货膨胀后的实际利率水平，X_t代表第 t 期的货币化程度，一般用广义货币供应量M_2与 GDP 之比代替，P_t为第 t 期的价格水平，Tax_t为第 t 期的税负水平。将式（5.1）对数化得到：

$$\ln\left(\frac{M_{0t}}{P_t}\right)=a_0+a_1\ln\left(\frac{Y_t}{P_t}\right)+a_2R_t+a_3\ln Tax_t+a_4\ln X_t \tag{5.2}$$

理论上来说，实际货币需求应该与国民收入成正比，$a_1>0$；与实际利率水平成反比，$a_2<0$；与税负水平成正比，$a_3>0$；与中国货币化程度成正比，$a_4>0$。

通过式（5.2）和历年的国民收入、税负水平、利率、货币化程度、通货膨胀率等数据，再采用计量分析工具就可以估算出每年的实际货币需求量，然后根据境外人民币需求的规模占人民币 M_0 的比例就能测算出境外的人民币流通量。缺口估计法是基于货币需求量等宏观经济指标来测算境外人民币需求的，

① 因为收入越高，消费能力越强，持有货币的动机也越强烈；而利率越高，将货币存入银行获得的利息越多，持有现金的成本也越高。

相比直接测算法，它在方法上更先进，也经得起理论和逻辑的推敲。

三、境外人民币需求规模

近来年，由于中国与周边国家和地区经贸联系的不断加强，人民币在境外流通和窖藏的需求在不断增长。在与中国毗邻的越南和老挝等国家的某些地区，人民币可以自由流通①。自1998年以来，中国与亚洲各国家和地区的贸易往来呈快速增长态势，1998年中国与亚洲的贸易额为1 854.52亿美元，到了2009年，这个数字变为11 715.86亿美元，几乎为12年前的6倍。其中中国与印度尼西亚、韩国、泰国、越南和中国台湾的贸易额分别增长了6.78倍、6.34倍、9.62倍、15.95倍和4.17倍，印度尼西亚、韩国、泰国、中国台湾对中国的贸易逆差持续多年，这些国家和地区对中国的贸易依存度在提高（见图5.4）。

跨境旅游带来的跨境人民币消费也将随着出境旅游人数的增加而增长，也使得境外的人民币结算和流通规模持续积累。截至2010年8月15日，已向中国开放的出境旅游目的地国家和地区达到110个，而随着中国经济的快速增长和国民收入的不断提高，中国的出境旅游人数的规模也在飞速扩大。2009年中国的出境游达到4 765.63万人次，是1999年的5倍多。其中，前往香港旅游的人次由1999年的357.12万人次增长到2009年的1 866.59万人次，增长4.23倍，平均年增长率接近25%（见表5.2）。

① “人民币崛起重塑全球货币版图”，载《证券时报》，2006年12月11日。

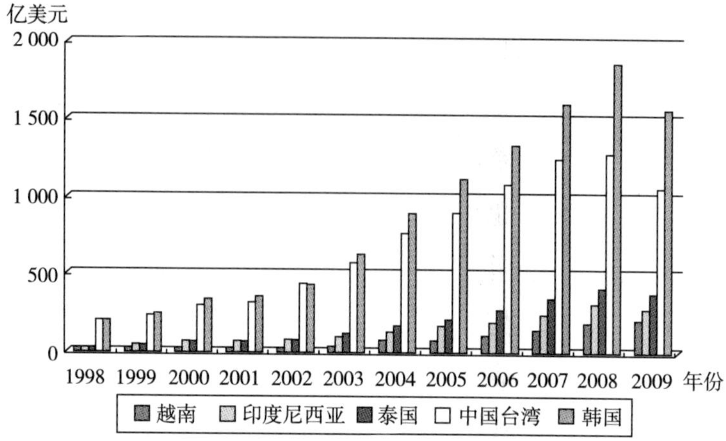

资料来源：CEIC.

图 5.4 中国与部分亚洲国家和地区的贸易额连年攀升①

表 5.2 **中国出境旅游规模日益扩大** 单位：万人次

年份	新加坡	泰国	韩国	中国香港	出境旅游总数
1999	21. 11	81. 39	31. 02	357. 12	923. 24
2000	26. 28	70. 75	40. 10	414. 22	1 047. 26
2001	28. 13	65. 22	45. 95	531. 90	1 213. 44
2002	28. 92	68. 87	55. 14	777. 10	1 660. 23
2003	26. 21	52. 78	55. 91	931. 01	2 022. 19
2004	42. 91	68. 21	69. 69	1 300. 52	2 885. 29
2005	47. 72	59. 55	84. 33	1 352. 54	3 102. 63
2006	55. 72	76. 69	109. 82	1 433. 40	3 452. 36
2007	64. 76	71. 69	131. 25	1 613. 69	4 095. 40
2008	71. 26	62. 39	137. 43	1 755. 70	4 584. 44
2009	66. 81	62. 19	147. 42	1 866. 59	4 765. 63

资料来源：CEIC.

学术界对境外人民币需求量的预测主要采用前面提到的直接

① 2009 年由于全球金融危机，贸易额有所回调，但总体趋势是逐年增长的。

测算法和缺口估计法，由于使用的数据和观察的样本期不同，预测的具体方法也有所差别，得到的结果也千差万别。

第一，直接测算法得到的结果。巴曙松（2002）[①] 根据1996—2001 年香港接待了内地 1 890 万名游客的数据，假定每位游客将其携带的 6 000 元中的一半用于在香港消费，则香港流通的人民币至少有 570 亿元。张丽娟、孙春广（2002）[②] 通过实地考察，得出 2001 年人民币现钞在香港流通量为 600 亿元左右的结论。李婧、管涛、何帆（2004）[③] 研究结果则表明：2002 年因边境贸易和跨境旅游导致的人民币跨境流通规模约为1 200亿元，若将地下经济、边贸互市和统计误差等因素考虑进来，2002 年人民币境外流通的估计规模在 1 200 亿～1 400 亿元，境外人民币的存量大概为 50 亿元，若将地下经济等因素考虑进来，所估计的人民币的境外流通量为 50 亿～120 亿元。人民币现金跨境流动调查课题组（2005）[④] 的调查研究表明，截至 2004 年末，人民币现金在周边国家和地区的滞留量约为 216 亿元，全年人民币现金跨境流出、流入的总流量为 7 713 亿元，净流出量为 99 亿元。钟伟（2008）[⑤] 通过中国与亚洲周边国家和地区的贸易和跨境旅游数据分析了人民币在该区域的流通渠道及其流量和存量规模。中国香港人民币每年的流量约为 188 亿元，中国香港的人民币存量为 250 亿元左右；新加坡持有的人民币存量为 10 亿元，各种渠道汇总的跨境流量约为 50 亿元；估计泰国的存量部分为 5 亿元人民

---

① 巴曙松：“香港能成为人民币离岸中心吗?”，载《经济月刊》，2002 年第 4 期。

② 张丽娟、孙春广：“人民币在香港流通、使用情况考察”，载《改革》，2002 年第 5 期。

③ 李婧、管涛、何帆：“人民币跨境流通的现状以及对中国经济的影响”，载《管理世界》，2004 年第 9 期。

④ 人民币现金跨境流动调查课题组：“2004 年人民币现金跨境流动调查”，载《中国金融》，2005 年第 6 期。

⑤ 钟伟：“人民币在周边国家流通的现状、问题及对策”，载《管理世界》，2008 年第 1 期。

币；而人民币在印度尼西亚流量约为4亿元，存量约为1亿元。

第二，缺口估计法测算的结果。徐奇渊、刘力臻（2006）[①]采用条件缺口估计法和无条件缺口估计的对比，对香港的人民币M_1存量进行估计，结论是：M_1从2000年的200亿港元左右增长到2005年的600亿港元左右的规模。马荣华、饶晓辉（2007）[②]利用1958—2005年的超长数据，得到的估算结果为：人民币境外规模由1997年的19亿元左右上升到2005年的311亿元左右。董继华（2008）[③]修正徐奇渊、马荣华等人研究方法后，运用季度数据和扣除本地需求法，得出自1999年以来人民币境外持有规模不断扩大，从80多亿元一直增加到2005年的250多亿元，2003年甚至一度达到1 060亿元的结论。尹亚红（2009）[④]对1998年第一季度至2006年第四季度人民币现金在香港的流通规模进行了估计，估计结果为2006年在香港人民币现金占内地M_0之比达到8.623%，流通规模已达2 347.35亿元。巴曙松、严敏（2010）[⑤]认为从1999—2002年，人民币现金在境外流通规模呈现逐年稳步上升的态势；而由于非典疫情和禽流感，人民币需求规模在2003—2004年有所下降；2004年以后，人民币规模有了逐步递增，并一直保持平稳趋升的态势，截至2008年底，境外人民币需求规模占中国人民币M_0比例为10.01%，达到3 426.99亿元人民币。

---

① 徐奇渊、刘力臻："香港人民币存量估计：M_1口径的考察"，载《世界经济》，2006年第9期。

② 马荣华、饶晓辉："人民币的境外需求估计"，载《国际金融研究》，2007年第2期。

③ 董继华："人民币境外需求规模估计：1999—2005"，载《经济科学》，2008年第1期。

④ 尹亚红："香港人民币现金流通规模的估计：1998—2006"，载《经济评论》，2009年第2期。

⑤ 巴曙松、严敏："人民币现金境外规模需求的间接测算研究：1999—2008"，载《上海金融》，2010年第2期。

四、境外人民币需求的新动向

2008 年全球金融危机爆发至今，发达经济体仍在经济复苏之路上艰难前行，为了刺激经济，发达经济体大肆扩张货币供应量，造成了主要货币币值大幅波动。中国在此期间经济一直保持较高增长，中国逐渐成为世界经济的支撑力量，越来越多国家试图凭借中国的经济影响力度过危机。从危机爆发后到 2009 年 4 月短短的两年内，中国人民银行已与中国香港、韩国、马来西亚、印度尼西亚、白俄罗斯、阿根廷 6 个国家和地区的中央银行及货币当局签署了货币互换协议，总额达到 6 500 亿元人民币；2010 年 3 月，多边货币互换协议《清迈倡议》签署，货币互换总规模达 1 200 亿美元，其中中国出资 384 亿美元资金，占整体资金的 32%；2010 年 6 月，中国与冰岛签署为期 3 年，价值 35 亿元人民币，约 660 亿冰岛克朗的货币互换协议；2010 年 7 月，中国人民银行和新加坡金融管理局签署规模为 1 500 亿元人民币，约 300 亿新加坡元，有效期为 3 年的双边本币互换协议。多项货币互换协议的签署表明中国的贸易伙伴认可了人民币的地位和稳定性，接受了人民币作为各方认可的结算货币甚至储备货币。2006 年 12 月 1 日，菲律宾货币委员会开始接纳人民币为中央银行储备货币，这是外国中央银行首次将人民币列为官方储备货币。2009 年，俄罗斯中央银行第一副行长阿列克谢・乌柳卡耶夫认为人民币未来可成为合适的储备货币，巴西财政部部长曼特加在 2010 年也建议增加人民币作为国际储备货币。人民币成为其他国家普遍接受的储备货币，是人民币最终完成国际化的标志，其发展态势则预示着我们正越来越接近这个目标。

第六章

人民币国际化与中国经济金融

人民币国际化不仅仅是单纯的货币兑换和流通条件的改变，而是一项涉及经济金融各个领域的综合性改革，与中国经济结构调整，实现宏观经济内外均衡，转变经济发展方式密切相关。任何一个部门或环节的不匹配都有可能引致全局性的经济金融风险。本章将结合中国经济金融的走向，综合分析人民币国际化的收益及其面临的挑战。

第一节 人民币国际化的经济效益和风险评估

某国货币在世界范围内执行货币职能，不可预料的、频繁的、大规模的货币跨境流动难免会对本国货币金融政策的制定和实施产生冲击，不仅如此，国际货币的发行国还必须承担国际金融稳定的职责。既然如此，为什么还有那么多的国家对推动本国货币国际化进程乐此不疲呢？原因就在于货币国际化的收益远远大于其成本。[①] 本节从经济角度论述人民币国际化的正面效应，同时分析人民币国际化可能会给中国经济金融带来的系统性风险。

一、人民币国际化的经济效应：可计量部分[②]

现代信用货币的最大特点就是货币表现形式与货币价值基础相分离，每个发行国际化货币的政府都可以用纸质货币向非居民换取实际经济资源，从中攫取发行货币所产生的特定收益。人民币国际化经济效应的可计量部分分为两个方面，一是人民

① 陈雨露、王芳、杨明：“作为国家竞争战略的货币国际化：美元的经验证据——兼论人民币的国际化问题”，载《经济研究》，2005 年第 2 期。

② 刘仁伍、刘华：《人民币国际化风险评估与控制》，社会科学文献出版社，2009 年 6 月第 1 版。

币的国际铸币税收益；二是对境外人民币资产进行金融运作的净收益。

（一）人民币国际铸币税收益

铸币税原来指中世纪西欧各国统治者对送交铸币厂用于制造金、银铸币的贵金属所征的税。在现代文献中，国际铸币税的衡量口径有两种，狭义的铸币税被定义为“货币发行者凭借其发行特权所获得的货币面值与纸币发行成本之间的差额”；广义的铸币税被定义为“因本币国际化而获得本币及其表征的金融资产的净输出”。[①] 当一国货币实现国际化之后，该货币发行国就可能由此获得各种收益，但国际铸币税（International Seignorage）无疑是其中最诱人的一块。在当前以美元为中心的国际货币体系中，美国凭借其金融霸主地位和美元中心地位，攫取了巨额的国际铸币税，消费其他国家提供的廉价商品和服务，低成本地使用其他国家提供的资本，而其付出的是几乎没有成本的本国货币。据统计，目前超过三分之二的美元在美国以外的领土上流通，这意味着世界上的其他国家为了得到以美元标识的货币而近乎无偿地为美国提供商品和服务产品。截至 2008 年，美元国际货币本位币的地位使美国获得的铸币税收入超过 18.4 万亿美元，此数字是美国 2007 年 GDP 总额的 1.31 倍。而中国为其贡献了十分之一。高额的铸币税既为美国长期以来的“双赤字”政策提供了支撑，同时也将调整全球失衡的责任转嫁给了其他国家。[②]

如果认为现代信用货币的生产几近于零，那么货币当局向经济中新增多少货币供应（VM），同时也就为自己多创造了多少名

① 钟伟：“略论人民币的国际化进程”，载《世界经济》，2002 年第 3 期。

② 陈雨露、王芳、杨明：“作为国家竞争战略的货币国际化：美元的经验证据——兼论人民币的国际化问题”，载《经济研究》，2005 第 2 期。

义铸币税的收益（S_n）。所以，理论上，名义铸币税可以表示为

$$S_n = VM \tag{6.1}$$

考虑到通货膨胀导致货币实际购买力的下降，布兰查德等学者在《高级宏观经济教程》中将实际铸币税定义为

$$S_n = VM/P \tag{6.2}$$

其中，P 表示相对于基年的实际通货膨胀率。

当一种货币成为国际货币以后，货币持有人的范围就从居民扩大到非居民。于是，货币当局所获得的铸币税收益不仅来自居民的货币持有额，自然也包括非居民的货币持有部分。非居民持有国际货币无非有两种形式：一种是现钞形式，另一种则表现为中央银行所拥有的该货币储备资产。其中，非居民现钞持有的比例极为有限，属于居民所持有货币流出而形成的，这部分铸币税收益在货币当局新增货币供应量中已有所反映。而作为一国官方国际储备的国外中央银行拥有的储备资产，实际上并未离开发行国银行体系，属于货币国际化所引起的国际货币供应。由此，我们将这部分国际货币发行国银行体系中由其他中央银行所持有的新增储备资产 VM_r 定义为国际铸币税收益，即货币国际化所引致的特定经济利益：①

$$S_n = VM_r/P \tag{6.3}$$

（二）对境外人民币资产进行金融运作的净收益

国外中央银行持有的境外储备资产无论是以存款形式还是以国债形式存在，都意味着为国际货币发行国的银行体系及其政府提供了巨额的资金来源。通过银行体系的资金运用和政府财政支出机制，这部分资金必将转换成可贷资金并创造收益机会。国际

① 汪海涛：《人民币国际化问题研究》，南京理工大学硕士学位论文，2006 年。

货币所执行的交易媒介等职能必然通过发行国银行体系所提供的结算和支付服务来完成，这也为相关金融机构带来了佣金收入。由此，在国际铸币税收益之外，货币国际化还必然为发行国带来额外的金融业净收益 F ，即

$$F = M_r \times R_l \tag{6.4}$$

其中，M_r 表示国外所持有的金融资产存量，R_l 表示贷款利率。

同时，当国外中央银行所持有的境外储备资产主要以银行存款或国债等形式储备时，国际货币发行国必须为之提供一个正的利息补充。这就构成了境外资产金融运作的成本。

$$C = M_r \times R_d \tag{6.5}$$

其中，R_d 即为货币发行国提供的正的利息补偿。

因此，货币发行国境外储备资产金融运作的净收益取决于运用境外储备资产进行投资的收益和成本，即

$$F_n = F - C = M_r \times (R_l - R_d) \tag{6.6}$$

那么货币作为外汇储备的总收益为

$$Y = S_n + F_n \tag{6.7}$$

（三）人民币国际化收益的实证分析

根据上述理论，假定从 1998 年起人民币已成功实现了国际化，成为国际储备货币的一种，从而计算 1998—2007 年的人民币国际化收益。

根据式（6.3），人民币国际化的铸币税收益在数量上应等于各国作为官方储备而持有的人民币资产与实际通货膨胀率的比值。假设从 1998 年人民币已成功实现国际化，成为国际储备货币的一种，那么到 2007 年底，人民币国际化铸币税收益已达到 4 395.39亿元人民币（见表6.1）。

表 6.1　　　　人民币国际化的铸币税收益　　　单位：亿元人民币

年份	进出口差额	VM_r	通货膨胀率	P	S_n
1998	3 597.50	899.38	1.000	1.00000	899.3750
1999	2 423.40	605.85	0.986	0.98600	614.4523
2000	1 995.60	498.90	1.004	0.98994	503.9679
2001	1 865.20	466.30	1.007	0.99687	467.7624
2002	2 517.60	629.40	0.992	0.98890	636.4656
2003	2 092.30	523.08	1.012	1.00077	522.6749
2004	2 667.50	666.88	1.039	1.03980	641.3522
2005	8 374.40	2 093.60	1.018	1.05851	1 977.8716
2006	14 217.70	3 554.43	1.015	1.07439	3 308.3215
2007	19 796.10	4 949.03	1.048	1.12596	4 395.3829

根据式（6.6），以人民币发行的国外储备资产金融运作的净收益等于用境外储备资产进行投资的收益与其相应成本之差。而投资收益主要来自贷款利息，成本主要源于需要对外支付的存款利息。由此计算的人民币发行的国外储备资产金融运作的净收益到 2007 年底已经达到 519.55 亿元人民币（见表 6.2）。

表 6.2　人民币国际化的境外储备资产金融运作净收益（1998—2007 年）

单位：亿元人民币

年份	M_r	R_l	R_d	F	C	F_n
1998	899.38	0.0708	0.0486	63.6758	43.7096	19.9661
1999	1 505.23	0.0585	0.0302	88.0557	45.4578	42.5979
2000	2 004.13	0.0585	0.0225	117.2413	45.0928	72.1485
2001	2 470.43	0.0585	0.0225	144.5199	55.5846	88.9353
2002	3 099.83	0.0531	0.0199	164.6007	61.6865	102.9142
2003	3 622.90	0.0531	0.0198	192.3760	71.7334	120.6426
2004	4 289.78	0.0545	0.0204	233.7927	87.5114	146.2813
2005	6 383.38	0.0558	0.0225	356.1923	143.6259	212.5664
2006	9 937.80	0.0599	0.0238	595.2742	236.5196	358.7546
2007	14 886.83	0.0682	0.0333	1 015.2815	495.7313	519.5502

根据式（6.7），可以直接汇总表6.1和表6.2的结果，以计算人民币国际化的收益。同时，将每年的人民币国际化收益与当年的GDP相比，能够直观地反映出人民币国际化收益的规模及其对国民财富增长的意义。表6.3显示，2007年底，人民币国际化的收益达到4 914.93亿元人民币，占当年GDP的1.99%。

二、人民币国际化的经济效应：不可计量部分

货币国际化所产生的经济利益，远远不只是国际铸币税收益和运用境外储备投资的金融收益，更为国际货币发行国及其居民带来许多难以计量却真实存在的“实惠”。比如，当本币成为国际货币以后，对外经济贸易活动受到汇率风险的影响就将大为减少，国际资本流动也会因交易成本降低而更加顺畅和便捷，实体经济和金融经济的运作效率都将得到不同程度的提高。从国家的角度看，人民币国际化具有以下一些有利方面。

一是人民币国际化有助于提高中国在国际金融体系中的话语权。人民币国际化意味着中国掌握了一种世界货币的发行和调节权，对其他拥有国际货币发行权的国家形成有形和无形的竞争力和牵制力，这对稳定国际货币体系、稳定国际清偿能力具有重要意义。拥有国际货币发行权的国家就可以启用货币政策制定权来影响储备国的金融经济，提升发行国自身抵御金融冲击的能力。最重要的是，国际货币发行国在国际金融体系中具有较大的话语权。这种话语权意味着在制定和修改国际事务处理规则方面有巨大的经济利益和政治利益。虽然人民币国际化的目的并不是要实施中国对其他国家金融经济的控制，但是，在客观上却可以避免中国受控于他人。随着中国经济实力的不断增强，中国参与国际分工的深度和广度不断扩大，在国际事务中也日益扮演着十分重要

的角色，在这个时候，出口信贷、援外项目，以及对国际组织的资金投入中广泛使用人民币，必将极大提高人民币的接受度和使用范围。随着人民币在世界范围内的广泛使用，反过来又势必会提升中国的国际地位，扩大中国在世界上的影响，使中国获得参与国际经济、政治、军事等方面事务的话语权，切实维护好本国的国家利益。

二是人民币国际化有利于减少中国对外贸易活动中的汇率风险。在人民币尚未实现完全可自由兑换、汇率形成机制不健全的情况下，在对外贸易中，中国不可避免会遇到汇率风险的困扰。由于世界各国的货币价值并不是一成不变的，尤其是在各国普遍实行浮动汇率的条件下，用于计价和结算的主要货币的币值波动较大。国际货物买卖从订约到履行合同，往往时间较长。在此期间，计价货币的币值如果出现大幅度的波动，必然直接影响进出口双方的经济利益。从理论上讲，对于出口交易，采用硬币计价和结算比较有利；对于进口合同，采用软币计价和结算比较合算。在中国，边贸企业在与境外贸易机构进行边境贸易时，允许使用可自由兑换货币、毗邻国家货币或者人民币等多种方式进行计价和结算。而在实际的对外贸易中，中国大多采用美元和欧元等国际货币进行结算。2008 年全球金融危机爆发后，美元、欧元汇率剧烈波动，使得外贸企业的经营利润降低、财务风险加剧、汇兑损失惨重，而表现坚挺、币值稳定的人民币则越来越多地被作为计价和结算货币，这无疑有助于提高中国企业和产品的国际竞争力，从而推动中国国际贸易的发展。

三是人民币国际化有利于节省中国外汇储备，缓解人民币升值和流动性过剩压力之后就可以成为国际储备货币，减少了中国对外币储备的需求。此外，人民币国际化后，中国就会具备逆差融资能力，当国际收支出现逆差时，中国政府可以通过增发人民币进行融资，不必进行代价较大的内部经济调整。同时，中国在国内外金融市场上筹措资金的能力增强，进而减少了对外汇储备的需求量。

自 20 世纪 90 年代以来，中国国际收支中经常项目和资本项目均保持了“顺差”的局面，这种“双顺差”造成了中国外汇储备从 1992 年的 194.43 亿美元激增至 2010 年 3 月的 24 470.84 亿美元，[①] 位居世界第一。

表 6.3 **世界主要国家外汇储备** 单位：亿美元

国家和地区 \ 年份	2000	2007	2008
中国	1 655.7	15 282.5	19 460.30
日本	3 472.1	9 483.6	10 036.7
俄罗斯联邦	242.6	4 663.8	4 114.9
印度	372.6	2 665.5	2 466
韩国	958.6	2 617.7	2 004.8
巴西	324.3	1 794.3	1 928.4
中国香港	1075.4	1 526.4	1 824.7
美国	312.4	458	495.8
英国	341.6	475	415.5
德国	496.7	407.7	385.6
澳大利亚	167.8	242.4	298.7

资料来源：中华人民共和国国际统计局网站：http：//www.stats.gov.cn/tjsj/qtsj/gjsj/2009/t20100415_402631624 html。2008 年中国外汇储备数据来源于《中国统计年鉴 2009》：http：//www.stats.gov.cn/tjsj/ndsj/2009/indexch.html。

在以美元为主的国际货币体系和现行人民币外汇管理体制条件下，外汇占款的增加直接推高了国内基础货币的供应量，成为中国境内流动性过剩的主要原因之一。同时，过于庞大的外汇储

① 中国人民银行网站：http：//www.pbc.gov.cn/diaochatongji/tongjishuju/gofile.asp? file = 2010S09.html。

备也增加了人民币的升值压力，对外汇储备本身的安全也带来了隐患。人民币成为国际货币以后，一方面，由于人民币可以作为投资货币和储备货币在境外直接流通和周转，这将在一定程度上减少对外汇的使用和需求，进而降低中央银行为对冲外汇占款而释放的流动性；另一方面，可以加速推动资本项目的开放，增加境内利用外汇对外投资，直接减少外汇占款，同时也能减轻人民币的升值压力，推动流动性问题的解决。[①] 另外，人民币国际化后可以减少中国以外币形式持有的外汇储备，降低持有外币的汇率风险和因风险而导致的财富的流失，并从根本上解决中国外汇储备的安全问题。

四是人民币国际化有助于中国的银行和企业发展。人民币国际化有助于中国成为金融、贸易和投资大国，这为中国相关企业的国际化提供了契机。人民币国际化能加快中国金融改革的步伐，带动中国金融服务的国际延伸，增强中国金融参与国际竞争的能力。另外，人民币更多充当国际贸易结算和计价的手段，有利于中国企业的对外贸易发展和对外投资的扩大。人民币实现国际化后，更多的外资银行和外资金融机构会不断进入中国金融领域，这对中国银行业提出了更高的要求。为适应和应对这种激烈的竞争，中国金融体制必须在资金、业务范围、服务和风险管理等多方面进行改革，以便适应市场的要求及加快中国金融业与国际接轨的步伐。

五是人民币国际化将会给中国居民的财富增长带来积极效应。[②] 人民币国际化带动了中国经济的进一步增长，并通过扩大

① 中国人民银行南宁中心支行课题组："人民币区域化、国际化的趋势及影响"，载《广西金融研究》，2007 年第 7 期。

② 胡智：《金融开放与人民币国际化研究》，西安地图出版社，2003 年。

出口、增加投资等渠道提高居民的收入水平。另外，人民币国际化之后，中国居民持有的现金含金量和支付能力提升，在出境旅游、对外支付等交易中，减少许多汇兑环节，直接被各国普遍接受，可降低支付成本，提高支付效率。

三、人民币国际化的风险评估①

国际货币发行国在享受货币国际化利益的同时，不可避免地要面对内外政策协调困难、金融市场易受冲击等问题。如果不综合权衡利弊，人为地夸大人民币的国际化程度，在中国金融监管部门宏观调控和监管水平未能跟上的情况下，某些经济部门将直接面对国外同一部门强有力的冲击，并很可能会损失惨重。特别是在银行体系不健全的情况下，这些冲击甚至可能会导致经济动荡乃至金融危机，从而使中国面临巨大的系统性风险。

（一）资本大规模进出风险

人民币国际化势必加速资本账户开放的进程，资本账户开放后，资本在中国境内外的流动更为便利，一旦内外市场的均衡机制发生改变，立即会引起大规模的资本转移，这无疑会对中国经济和金融的安全运行造成巨大的冲击，导致经济动荡。

1. 资本大规模流入风险

第一阶段：人民币国际化后，资本来源有两个方面：一方面，由于资本账户开放，人民币可自由兑换使资本进入更自由，一般国内利率高于国际利率时，资本便会大举流入；另一方面，中央银行通过全世界发行人民币债券回收本币，使国内获得更多的流动性，于是宏观经济受外部资本流入的冲击开始走强。

① 主要参考了刘仁伍、刘华：《人民币国际化风险评估与控制》，社会科学文献出版社，第五章。

第二阶段：资本源源不断地流入导致经济活动达到了顶峰，资产价格迅速膨胀，银行等金融机构部门纷纷大举放贷，企业部门过度负债，整个经济活动弥漫在投资热浪当中。于是，虚拟经济在短时期内迅猛发展，逐步偏离了实体经济的内在价值，呈现一片欣欣向荣的假象。在此背景下，国内的“繁荣”进一步刺激了国际游资的进入，资产价格如同滚雪球般越滚越高。资本投资在短期内得到高额的回报，几乎所有人都把资产泡沫破灭后的风险抛诸脑后。

第三阶段：随着资产泡沫越垒越高，资本需求的扩大势必导致货币流通速度的进一步加快，于是利率开始上升。利率的上升首先表现为企业部门资产负债的进一步扩大，导致企业部门的投资者出现了还贷困难。随着银行等金融部门的不断逼债，投资者开始纷纷抛售金融资产套现，资产价格骤然下跌，大量资本开始撤离。资产泡沫破裂，大量坏账等不良资产无法收回，银行等金融机构面临破产，金融危机升级。

人民币国际化过程中，倘若货币当局没有意识到金融不稳定性是造成市场经济内在问题的原因，没有从宏观和微观的角度采取相应的监管措施，那么势必会推动金融危机的加速到来。

2. 资本大规模外逃风险

根据中央银行的资产负债表，从资产角度定义，中国的基础货币有国外资产（对世界其他国家的债权），即外汇储备、货币黄金、其他国外资产和国内净资产（包括对政府债权和其他公民债权等）两大部分组成。从负债角度定义，中国的基础货币主要体现为负债方的储备货币项目。在资产负债表上其他负债不变的情况下，任何资产的增减都会引起基础货币的增减；在中央银行资产方不变的情况下，其他负债的增减会引起基础货币的反向变化。如果资本大规模流出，中国人民银行将被迫收购本币从而造成基础货币的萎缩，并导致国内货币与信用量的明显收缩，对国内经济造成极大冲击。

首先，资本大规模外逃将造成资本项目巨额逆差，最终导致国际收支失衡。人民币国际化带来的资本账户开放，给国际资本自由出入提供了契机，资本流动日益频繁，规模不断增大，经常项目在国际收支所占的比重最终将被资本项目所替代，国际收支的平衡与否在很大程度上取决于国际资本流动的状况。

其次，资本大规模外逃易造成人民币币值不稳定。人民币国际化势必要求人民币汇率的自由浮动，而国际资本的频繁流动必然会加剧人民币汇率的波动，同样，人民币汇率的波动预期反过来又影响国际资本流动。从宏观上看，大量的国际资本流入使外汇储备增加，国际收支出现顺差，外汇市场上外汇供过于求，最终推动人民币汇率的升值，而人民币的升值预期反过来又加剧了国际资本流入；同理，大量的国际资本外逃则会引起中国外汇储备的减少，国际收支出现逆差，最终导致人民币汇率的贬值，人民币的贬值预期同样又会加速国际资本的流出，形成恶性循环。

再次，资本大规模外逃在一定程度上会削弱货币当局实施宏观经济政策的效果。近年来，中央政府为了缓解通货膨胀的压力，一直推行积极的财政政策和稳健的货币政策。人民币国际化道路注定中国的经济增长方式要由出口导向型逐步向内需拉动型转变，因此政府推行的宏观经济政策就显得尤为重要。然而大规模的资本外逃会造成流通中的实际货币量远远少于货币当局拟发的货币供应量，从而变相抬高了实际利率，这势必会在一定程度上削弱财政政策和货币政策刺激内需的效果。

最后，资本大规模外逃易拉大国内的贫富差距，造成社会不稳定。资本外逃发生时，中国政府不得不通过减少储备或增加外债来应付投资者对外币资产的需求。转移到国外的资金不仅能使其保值，而且可能产生额外利润，而未转移出去的资金将面临巨大风险或资金损失。由于资本外逃的成本高于一般资本流出的成本，因此，高收入者或者拥有较多财富的人才能将资本转移出境。这种外部财富的增加伴随着中国外债的增加势必会导致政府通过增加税收等方式扩大政府收入以偿还债务，而增加的税负必将分摊在资本未转移出去的投资者上，资本转移出国的投资者却逃避了这一税负，从而拉大两者之间的差距，形成收入再分配。这必然会进一步加剧他们之间的贫富差距，从而埋下社会动荡的隐患。

3. 1998 年和 2008 年两次金融危机的经验和教训

正如 Radelet 和 Sachs（1998）所提出的“1998 年亚洲金融危机的核心是在 20 世纪 90 年代被吸引到该地区的大量的资本流动”，[①] 在亚洲金融危机爆发前夕，亚洲各国尤其是受危机影响最大的几个国家，如印度尼西亚、泰国和韩国，其外债占 GDP 的比重是相当高的。相比之下，中国外债占 GDP 的比重处于相当低的水平，因而亚洲金融危机对中国的影响并不大。亚洲金融危机期间不同国家的经济指标如表 6.4 所示。

表 6.4　　亚洲金融危机期间各国的经济指标　　单位：%

	印度尼西亚		韩国		泰国		中国	
	1996 年	2007 年	1996 年	2007 年	1996 年	2007 年	1996 年	2007 年
经常账户余额占 GDP 比重	-3.1	1.3	-4.1	6	-7.9	5.7	0.8	11.4
外汇储备占短期外债比重	60	160	33	131	79	405	442	813
外债占 GDP 比重	48.2	31.7	32.5	39.4	59.7	25.2	14.4	11.6
短期外债占总外债比重	12.8	7	18	16.5	20.7	8.8	2.8	6.2
财政盈余占 GDP 比重	1.4	-1.4	0	3.8	2.4	-1.7	-0.7	0.8
政府公债占 GDP 比重	45.1	35	12.7	32.1	36.3	37.5	7	16.9

① 陈雨露：《国际金融学》，中国人民大学出版社，2008 年，第 354 页。

反观此次金融危机的情况，在金融危机爆发前的2007年，亚洲各国的外债余额明显比1996年减少了许多，这也从另一个侧面印证了本次金融危机对亚洲各国经济的冲击没有上次那么强烈。此外，各国的外汇储备都有了大幅度的提高，因此在应对资本撤离时起到了一定的缓冲作用。值得关注的是，在本次金融危机中，在亚洲地区韩国遭受危机的程度最大，其中一个很重要的原因在于与1996年相比，其外债余额有所增加，然而其外汇储备相对于过去增长了4倍多，因此在很大程度上也缓解了危机的加剧。

中国正是由于其严格的外汇管制导致资本流入相对困难，才在每次金融危机中得以侥幸。人民币国际化不仅意味着要放宽资本管制，资本进入更自由化，同时还意味着人民币可自由兑换，届时将会有更多的资本进入国内。因此，中国能否在人民币国际化进程中顶住资本自由流动的冲击并获得客观收益，仍然是一个值得密切关注的问题。

（二）“特里芬难题”的困扰

随着人民币国际化程度的深化，中国必然会面临因贸易逆差造成的贬值压力与保持币值稳定的冲突。一种可能的结果是：人民币国际化后，为了满足国际市场的要求，中国的国际收支将逐渐地由顺差转为逆差。随着人民币国际流动性的增加，有产生持续巨额国际收支逆差的可能性。而持续巨额国际收支逆差会造成人民币币值的不稳定，削弱公众对人民币的信心。

因此，人民币国际化后，必须平衡人民币作为国际支付货币、国际储备货币和国际投资货币三者之间的问题。中国向其他国家提供国际储备资产的责任是通过国际收支地位的削弱来实现的。如果一个国家需要增加其国际储备资产，那么它必须保持国际收支的顺差。如果美元等其他储备资产不能满足该国的需要，而且该国愿意持有更多的人民币，中国必须要通过收支赤字来提供人民币资产。国际收支赤字影响中国的经济发展，进而影响到人民币的稳定性，这将使持有人民币流动性资产的国家不愿意持有更多的人民币资产。相反，如果中国的国际收支顺差越大，虽然人民币的价值更高，信用更高，稳定性强，但收支顺差却导致了人民币作为其他国家储备货币的减少，不能满足世界经济不断发展对国际清偿力的需求。

在人民币国际化的初级阶段，“特里芬难题”风险在中国影响并不算很大，因为目前中国还是一个贸易大国，贸易占 GDP 比重在 70% 左右，出口占 GDP 的比重是 40%，在世界大国中也名列前茅。[①] 中国的经济增长需要贸易顺差来拉动。人民币走向国际化的初级阶段表现为由边境贸易和旅游消费带动的人民币在周边国家的流通。人民币跨境流通的主要收益是为周边贸易和人员流动提供便利，减少交易成本。由于人民币的境外流通量相对于中国广义货币供给量比例较小，所以对于中国宏观经济的影响不大。在该过程中我们获得的收益比较明显，成本约束较小。随着人民币在国际贸易中计价范围的扩大，人民币必将成为一般贸易中的计价货币和交易媒介，尤其在“东盟 + 中国自由贸易区”建成之后，中国与东盟国家的贸易量将会稳定的增加。人民币国际化在该阶段与欧美等发达国家的巨额贸易顺差总量上依然弥补了与周边各国持续的贸易逆差。

随着人民币国际化进程的不断深化，在境外积累的人民币数量达到一定程度，人民币借贷的需求必然产生。人民币在境外的

① 余永定：“2009 中国宏观经济面临的挑战”在“世界经济与中国 2009：在不确定中把握趋势”国际研讨会上的讲话稿，该会议于 2008 年 11 月 14 日在北京举行。

借贷对中国的金融市场发展提出了更高的要求。在这个阶段，中国由一个净贷者开始逐步向一个净借者过渡。于是，发展货币市场尤其是国债市场，发展债券、证券市场，扩大金融市场的规模，使中国国内市场成为国际市场的参照成为必然的要求。那时，"特里芬难题"风险开始显露，因为中国必须通过对外贸易逆差实现对境外人民币的发行与流通。显然，通过扩大出口来冲销人民币国际化引发的贸易赤字将不再可行，同时也意味着靠贸易顺差拉动经济增长的这一经济结构必将结束。

（三）人民币国际化过程发生反复的风险

迄今为止，日本提出"日元国际化"已有二十多年，日元并没有成为真正的国际性货币，依旧作为美元的"附庸"存在。同样，自 1999 年 1 月 1 日欧元在一片大好的预期中诞生以来，许多人乐观地认为欧元将会在竞争中击败美元而成为国际性的主导货币，但是欧元近几年的走势并不理想，在国际贸易结算中的份额也远远低于美元。为何除了美元外的各国货币在经历国际化的道路上均面临严峻的挑战呢？人民币国际化是否也会同样面临这样的挑战而导致反复不前？这里要从"市场进入阻挠"的角度来分析。

在美元垄断的国际大背景下，任何国家货币的国际化均会威胁到美元的霸主地位，必然会受到"既得利益者"——美元的打压和阻挠。如果不能有效的统筹应对，货币国际化极有可能由于美元的打压而出现反复乃至前功尽弃。

虽然布雷顿森林体系解体以来，国际货币体系不断出现新的变化，并且主要集中在货币本位制、汇率制度和攻击收支调剂机制等方面，国际货币体系由单极格局向多极化发展，但是美国凭借其雄厚的经济实力，通过挤压、排挤等非正常竞争手段阻挠其他竞争对手进入国际货币市场，美元仍然居于主导地位，美元独霸国际货币体系的局面依然没有改变。可见，与日元、欧元等货币一样，人民币国际化必然会遭到美元的“驱逐”，汇率改革以来人民币持续高估、人民币对美元被迫升值便是美元挤压人民币的最好例证。

第二节　人民币国际化与中国经济的内外均衡

一国的宏观经济目标通常包括内部均衡和外部均衡两方面。研究人民币国际化，必须研究中国经济的内外均衡经济发展的条件和需要解决的问题。

一、中国经济的内外失衡

所谓“内部失衡”主要是指中国经济中投资与消费之间的关系出现了恶化趋势。按2009年统计局调整后的GDP计算，中国的消费率是非常低的，仅为48.6%，[①] 而同样为外向型经济体的日本和韩国，历史上消费率最低的时候，也在60%至70%。中国消费率之所以会过低，有社会保障体系严重滞后、房价上涨失控以及储蓄率过高的影响，更为重要的影响因素是投资增长过快。事实上，近年来中国的消费需求在平稳增长，但中国的消费增长远远落后于投资的扩张。日本的投资消费比在20世纪70年代曾达到过最高峰，为70%；韩国的最高值出现在20世纪80年代，投资消费比为60%。而中国在2005年投资消费比竟高达77%。根据日本、韩国的经验显示，外向型经济体的脆弱性使得

① 郑新立：“投资消费比恶化　消费率降至改革以来最低”，http://news.sohu.com/20100306/n270626590.shtml。

这么高的比例是不可能持续的，一旦全球经济波动（特别是美国经济出现波动），这样的经济体很可能在将来的某个时候突然下滑（硬着陆），并经历一个漫长而痛苦的通缩调整期。

而“外部失衡”是指中国同时存在着经常账户和资本账户的“双顺差”。从宏观经济学的国民收入恒等式来看，国内储蓄大于国内投资必然会出现贸易顺差，过剩的生产能力必然要寻求外部需求平衡。因此，内部失衡与外部失衡中的贸易顺差乃是一个硬币的两面。从 1999 年到 2004 年，中国的外贸顺差基本维持在 GDP 的 2% 左右，但 2005 年起外贸顺差大幅提高，跃升至 GDP 的 5% 左右，即便是受全球金融危机影响的 2008 年，也达到了 7.8%。随着中国外贸依存度的不断提高，来自国际上对人民币升值的压力也在不断增加。

二、外部经济失衡的原因分析[①]

经常项目和资本项目双顺差本身就是经济内外失衡的结果和表现，通常都是一种短期的现象和不可持续的状态，但却成为中国经济的常态。它是有中国特色的出口导向型创汇经济的必然结果。

中国的出口鼓励政策和结构性原因导致中国长期保持经常项目顺差，中国的引资优惠政策则导致中国的资本项目顺差。双顺差意味着一方面中国以高成本输入资本，另一方面以低收益输出资本。换言之，双顺差使中国遭受了严重的福利损失。中国经济的双顺差正好与美国经济的双逆差相对应，构成了一对孪生的国际经济生态。这种经济生态的特点是，作为穷人，中国人辛苦劳

① 余永定：“见证失衡——双顺差、人民币汇率和美元陷阱”，载《国际经济评论》，2010 年第 3 期。

动，拼命挣钱，勒紧裤腰带，不能消费，却把钱几乎无代价地借给美国。而作为富人，美国人开动印钞机引致大量绿纸片，低价购买中国人生产的产品，过度消费。

持续的双顺差不可避免地导致中国外汇储备的增加，由于美元在国际货币体系中的特殊地位，中国成为美国国债的最大外国持有者。美国经常项目持续逆差，美元自 2002 年以来已经贬值 40% 左右。美国次贷危机以及美国急剧恶化的财政状况，进一步削弱了美元的地位。从长期来看美元贬值是不可避免的。在现实的情况下，中国的巨额外汇储备已经成为美国的“人质”，我们既不能排除美国人毁约赖账的可能，更无法防止美国人采取美元贬值、通货膨胀等办法减债、逃债的可能。正如萨默斯的“金融恐怖平衡”指出的那样，“这种平衡是十分恐怖的，美国完全占据主动，而它的对手却深陷美元陷阱、进退两难”。[①] 作为美国的最大外国债权人，中国陷入了“美元陷阱”。由此可见，中国的双顺差并非仅仅是诸如储蓄过度等所谓结构失衡的结果。事实上，在很大程度上，中国的结构失衡是执行出口导向战略和相应政策的结果。

三、人民币国际化促进中国经济均衡

人民币国际化与中国转变经济发展方式，由出口导向型转向内需拉动型的战略目标是一致的。人民币国际化要求实现资本的自由流动，我们在引进外资的同时也鼓励国内资本到世界范围去寻找投资机会，实现资本市场调节和优化配置。同时，汇率形成机制的改革以及逐步实现自由浮动汇率制，人民币将逐步升值，

① 张曙光：“真知灼见和苦心诤言——余永定教授的《见证失衡》”，载《经济学动态》，2010 年第 10 期。

外贸出口结构将发生重大变动，从而从根本上扭转中国双顺差的外部失衡局面。

汇率其实是实现一国国际收支平衡的重要政策手段。1998 年亚洲金融危机，在亚洲国家货币纷纷大幅贬值的过程中，中国宣布人民币不贬值，对于亚洲经济的稳定和恢复起了重要作用。由于种种原因，这一临时措施变成了一项长期政策，在随后的 7 年中人民币汇率一直盯住美元。2005 年汇率改革后，再次出现了人民币的缓慢升值，2008 年全球金融危机爆发，人民币再次盯住美元，并持续 3 年。直到 2010 年 6 月 19 日，人民币汇率改革重新启动，中央银行宣布进一步增大人民币汇率弹性区间，人民币汇率市场形成机制改革再次提速。

人民币“升值恐惧症”主要有三方面原因：一是害怕外汇资产损失。截至 2010 年第三季度末，中国国家外汇储备余额已达到 26 483 亿美元，其中 60% 左右的外汇储备是以美元计价的资产，这意味着人民币每升值 1%，外汇将缩水 150 亿美元左右。二是害怕错误地借鉴日本的经验。由于《广场协议》和《卢浮宫协议》导致日元被动升值，从而使日本经济陷入了十多年之久的低迷。2010 年 6 月 19 日，中国宣布汇率改革重新启动，强调“主动性、可控性和渐进性”原则，就是为了防止出现类似日元被动升值而导致经济动荡的局面。三是担心企业的承受能力。针对汇改升值对产业的影响，有关部门进行压力测试表明，出口企业的平均利润空间只有 3% 左右，也就是说超过 3% 的汇率升值，企业就会出现亏损，就会有大面积的失业出现，甚至还会影响到社会安定团结的大环境。用这个理由来抵制人民币升值虽然表面上言之有理，但实际上却经不起推敲。比方说，2005—2008 年，人民币累计升值约 22%，但中国的出口在这一时期不减反增。这一方面说明中国出口产品的收入效应大于价格效应，另一方面也说明只要政策灵活，企业就会自主地提升风险应对能力。

应当指出，中国经济的均衡发展需要进行根本性的结构调整，但人民币国际化，以及汇率升值并最终实现自由浮动是对中国经济调整的方法之一。其一，人民币升值将带来进口的增加、出口的减少，从而减少经常账户顺差。升值的另外一个好处是可以加速产业结构调整。汇率是贸易品和非贸易品之间的相对价格，扭曲的汇率会导致扭曲的资源配置。在汇率低估的条件下，过多的资源进入出口部门，导致出口部门竞争激烈，而国内的非贸易品部门尤其是服务业却发展不足。人民币升值会使得服务业更加有利可图，能够吸引更多的资源进入服务业。[①] 其二，要大幅度减少引进外资，减少和取消对外资、外贸的政策优惠，调整国民待遇的实施。中国从 2010 年 12 月开始对在华外商投资企业、外国企业及外籍个人征收城市维护建设税和教育费附加。这意味着中国境内所有内外资企业统一了全部税制，外资享受“超国民待遇”的时代正式终结，一视同仁的市场环境将让内外资企业在同一平台上展开公平竞争。从长远看，这对促进中国经济外部均衡，实现经济发展方式转变具有重大意义。

同时，人民币国际化有望成为解决当前中国的内外失衡问题的关键。[②] 首先，人民币国际化能够大大提升货币政策的效力，并使得相关政策能够更加专注于内部均衡。目前，资本项目管制已经越来越难以有效实施，货币政策在很大程度上被动地对冲外汇占款。国际经验显示，与货币政策独立性的（部分）丧失所导

① 艾光：“关于‘双顺差’背景下实现中国内外均衡的思考”，载《时代经贸》，2007 年第 6 期。

② 引自中国宏观经济信息网“宏观纵览周刊”，2009 年第 21 期。

致的困难相比，大国经济体通常更应该选择货币国际化来释放出货币政策的空间，提升政策效力。这从根本上有助于中国经济的内外平衡的动态实现。

其次，从增量上看，人民币国际化能够避免发展外向型经济与外汇储备高企的悖论。在商品、服务以及投资能够用人民币结算之后，中国双顺差中的一部分就将不再以外汇的形式出现，这意味着外部失衡的压力会得到缓解，外汇储备继续增加的压力也会下降。

最后，从存量意义上，人民币国际化将有望从根本上降低中国对外汇储备的需要。中国巨大的外汇储备固然与中国的出口型模式有关，但这种出口型模式的形成，与出口创汇、积累外汇储备等理念不无关系。这一理念其实是亚洲金融危机过后的共识。随着人民币的国际化，以及人民币的国际认可度和接受度的增加，就没有必要保持这么多的外汇储备。当前，美国和欧盟基本上没有或只有很少的外汇储备，它们的国家储备主要是黄金。人民币国际化意味着中国能够从国外征收一部分的铸币税，也就是可以直接以人民币进行对外支付；此外，我们还能够以人民币的形式，如发行国债，向外国政府和投机者借债。这些都能大大提升中国国际收支的偿付能力和安全系数。

第三节　人民币国际化对经济结构调整的影响

目前人民币国际化的程度较低，对于中国经济结构调整的影响有限。[①] 随着人民币国际化的提速，人民币逐步升值或者可能

① 张凤山：“浅析人民币区域化和国际化对中国经济调整的影响”，载《现代经济信息》，2010 年第 15 期，第 177 页。

出现迅速的升值，对中国各产业的影响以及经济结构的影响将会急剧加大。

一、人民币国际化与中国经济结构调整

一国的经济发展与制度演进过程中常常会有“路径依赖”的倾向。在人民币被低估的情况下，中国的出口企业即使出口低附加值产品也能卖得出去，卖出去后即使销售利润很低也能在国家的出口退税政策方面获得收益补偿，主要是会在全社会的生产要素和其他资源流动方面产生负面效应，即扭曲价值信号不能自动产生资源优先配置的结构调整效应，大量的企业生产偏低端产品耗用了巨大的资源，而那些新兴的、高成长性、高附加值产品的潜在可用资源被惯性效应作用下的低附加值产品行业挤占。

从中短期角度看，大量低端产品和传统企业的繁荣虽然在增加税收和就业方面能产生一定的积极作用，但从长期看，这类行业的不断扩张会迟滞一个国家工业基础改善的速度。多年来我们总是习惯于用行政命令或指导的方式来解决结构调整问题，而忽视了用汇率、税收、利率等价格性工具。人民币国际化会促使实际有效汇率的升值，而更加具有弹性的汇率机制会进一步促进经济结构的调整。以可贸易商品结构的调整为例，只要人民币升值的幅度足够大，出口型生产企业的投资就会自动转向高附加值产品的生产；再比如，对高污染、高耗能产品生产企业采取惩罚性税收制度，也能对这类企业的投资冲动产生明显抑制作用。总之，中国应顺势而为，把人民币国际化作为产业结构调整的契机和手段。

（一）人民币国际化对扩大内需的影响

一是人民币国际化带来的实际有效汇率升值有利于贸易收支

平衡。研究表明，中国贸易品需求价格弹性较大，根据马歇尔—勒纳条件，人民币实际有效汇率升值有助于中国贸易收支平衡的实现，从长远来看，有助于整体经济的协调发展。

二是人民币实际有效汇率升值对扩大内需在短期内有负面影响。劳动密集型出口制造业在中国外贸和就业中占据重要的位置，且这些行业对汇率的敏感性非常高，因此人民币实际有效汇率的升值在短期内可能影响中国的就业水平，进而影响居民的收入、抑制内需的扩大。

三是人民币国际化带来的投资转移和产业转移的影响要视投资企业类型而定。如果是生产能力扩大型投资，则有利于产出的增长和就业，进而有利于内需扩大；如果是生产能力转移型投资，则可能引起国内“产业空心化”，不利于扩大内需。

（二）人民币国际化对产业调整的影响

1. 人民币国际化对产业升级有正面影响

一是人民币国际化期间的实际有效汇率升值对产业升级有正面的影响。一方面，实际有效汇率升值会促进国内传统出口型企业的海外转移或升级换代；另一方面，人民币实际有效汇率升值可降低国内的进口成本，有利于国内企业从国外获得更先进的技术和设备，促进国内产业科技含量的提高。据曾铮、张亚斌（2007）利用出口数据从贸易品投入结构角度分析，人民币实际汇率升值对劳动密集型和资本密集型两类出口额的弹性分析表明：汇率升值对劳动密集型产品出口的影响要大于资本密集型产品，因此升值有利于出口结构优化升级。二是对外投资和产业转移对产业升级有正面影响但不大。落后产业向国外转移和向发达国家的直接投资有利于国内产业升级。另外，人民币升值是否促进产业升级还取决于企业的主观意愿及国家政策的有效引导。

2. 人民币国际化对国内服务业等非贸易部门有利

一是实际有效汇率升值有利于服务业等非贸易部门的发展。从中长期来看，人民币升值可以使贸易品和非贸易品的相对价格更为合理，引导资源由制造业流向服务业，进而改变中国当前制造业过度发展，而服务业发展不足的产业结构失衡问题。二是人民币境外使用的扩大有利于中国金融服务业的发展。由于国内金融机构在开展人民币业务上的先天优势，因此，人民币的使用范围扩大到境外后，国内金融机构也将获得大量的投融资和服务业务。

二、需要关注的问题和应对建议

一是国际收支平衡不能单独依靠货币国际化期间的实际有效汇率升值实现。在实现国际收支平衡方面，应从围绕以消费需求为主扩大内需、降低储蓄率、调整外资优惠政策、扩大进口和市场开放等结构性政策以及汇率浮动来共同入手，并不能单纯依靠汇率升值尤其是对某一货币的升值来实现。二是要控制人民币国际化期间对外投资和产业转移的规模和速度。要防范过度对外投资和产业转移造成国内“产业空心化”。三是应提高国内市场的竞争程度支持人民币国际化下的产业升级。为了实现人民币国际化背景下的产业升级，我们必须不断增强国内市场竞争程度，通过提高国内市场对民间资本的开放度，打破国有企业在一些行业中的垄断地位，为人民币国际化背景下的产业升级提供有利的微观环境。

第四节 人民币国际化对中国物价水平的影响

一、汇率改革与中国物价形势[①]

自汇率改革以来，人民币升值和通货膨胀之间的替代关系备受关注。在全球流动性过剩的作用下，中国经济步入了通货膨胀阶段，消费者物价指数（CPI）居高不下，在此背景下，中国加快了人民币汇率改革步伐，启动了人民币升值进程。2005 年 7 月汇率制度改革后，人民币对美元一次性升值 2%，同时，中央银行连续多次上调存款准备金率，收缩过剩的“流动性”。在众多因素的共同作用下，中国物价水平直至 2008 年中期开始逐渐回落。由于 2008 年全球金融危机爆发，国内外经济形势急转直下，2008 年下半年至 2009 年 11 月，中国物价水平急剧下降，CPI、PPI 均跌至负数。随着中央银行执行过度宽松的货币政策以及经济的逐步企稳复苏，2010 年中国物价又进入了一个快速的上升通道（见图 6.1）。

一国物价水平波动不仅是其国内经济发展中供求关系变化的结果，还受国际价格传导机制综合作用。因此，在研究物价水平变动时不仅要考察宏观经济冲击的影响，还必须充分考虑到汇率变动所产生的作用。汇率传递（Exchange Pass－Through）最初被定义为：1% 的汇率变动导致以本币计量的商品进口价格的百分比变化（Goldberg and Knetter，1997）。[②] 随着相关研究的深入，

① 本小节论述参考了骆振心、李忠、王新兵：“汇率制度改革、人民币升值与中国通货膨胀”，载《山西财经大学学报》，2009 年第 5 期。

② Goldberg，P. K.，Knetter，M. M.，“Goods Prices and Exchange Rates：What Have We Learned?”，*Journal of Economic Literature*，1997，35：1243－1272.

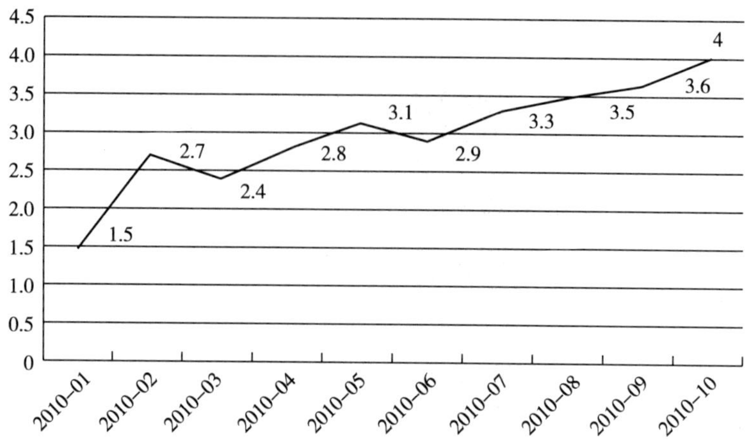

资料来源：《中国经济景气月报》，2010 年第 10 期，第 76 - 78 页。10 月份为估计数字，来自新华网。

图 6.1　2010 年以来 CPI 涨幅变动情况

汇率传递的概念得到进一步扩展。汇率传递具有两个方面的效应：汇率变动不仅对以本币计量的进口商品价格产生影响，还会对国内整体物价水平产生影响。[①] Obstfeld 和 Rogoff（2000）认为，汇率传递相应分为两个阶段：第一阶段，汇率的变动直接传递到进口商品或出口商品的价格中；[②] 第二阶段，进口商品或出口商品价格的变动会通过生产、销售、分配等渠道逐步传递到国内商品价格中。

从 2005 年人民币汇率制度改革以来，人民币汇率的上升显著降低了中国物价水平，人民币的汇率传递效应对中国的通货膨

① Obstfeld, M., "Exchange Rates and Adjustment: Perspectives from the New Open Economy Macroeconomics", *NBER Working Paper* 9118, 2000.

② Obstfeld, M., Rogoff, K., "New Directions for Stochastic Open Economy Models", *Journal of International Economics*, 2000, 50: 117 - 153.

胀产生了十分重要的影响。在汇率制度改革以后，人民币的汇率传递效应有着较为突出的特点。首先，人民币汇率传递效应的方向是确定的。其确定性具体表现为：汇率的上升能有效降低国内的物价水平。中国的能源消耗仅次于美国，是世界第二大能源消耗国，企业的原材料严重依赖国际市场。人民币汇率的上升降低了中国企业原材料的生产成本，自然会降低工业品出厂价格，最终降低居民消费价格。其次，人民币汇率传递效应是显著的。从实证分析得出，汇率冲击能引起产品生产价格和消费价格较大幅度的变动，消费价格的波动大部分都可以由汇率变动来解释。这表明，汇率的变动有很大一部分传递到了物价中，人民币汇率传递效应是十分显著的。

二、人民币升值对物价的影响：模型分析

利用动态 CGE 模型——MCHUGE 模型分析人民币升值对当前中国通货膨胀的影响。通过模拟场景的设置和仿真实验，对比不同升值方式对未来 CPI 走势的影响，并结合中国的行业结构分析对具体行业的影响差异。

MCHUGE 模型通过政策仿真来模拟不同政策冲击对经济的影响，其方法为：基于 1997—2006 年的历史可观测数据作为历史模拟期，拟合出过去十年中国经济发展的历史轨迹；以 2007—2015 年为预测期，这个时期由两部分构成，一部分是预测模拟，即政府不改变任何现存的经济政策、经济体系的发展趋势；另一部分是政策模拟，即在预测模拟的基础上，对某特定时间段加入一定政策冲击，对比模拟结果与预测模拟，分析该政策对宏观经济变量的变化。

为此，设定四个模拟场景，研究不同升值方式下CPI的走势：（1）极端假设，假设中国政府参照美国国会的说法，一次性升值25%；（2）将40%的升值压力分3年匀速释放，年均升值13%；（3）将40%的升值压力分5年匀速释放，年均升值8%；（4）将40%的升值压力分7年释放，年均升值5.7%。

模拟结果显示，人民币升值对CPI带来负向压力，短期内效果最为明显。四种模拟场景下，2008年CPI分别下降：1.1%、0.827%、0.6%和0.42%，对当前通货膨胀起到很好的缓解作用。当前中国物价上涨，实质是一种由资产及实物价格带动的中国式通货膨胀，即严格管制下的低利率政策推高资产价格，进而推高基本生活品价格的飞涨，最后引起国内各种物品价格全面上涨。当前过高的CPI主要由食品部门拉动，要防止其向非食品价格传导。中国作为一个进口大国，其进口产品会对部分敏感性产品价格变化形成影响。模拟结果显示：人民币升值能够在一定程度上起到平抑物价的作用，特别是一次性大幅升值的短期效果最为明显。

根据模型，从产业结构上看，近70%的厂家由于人民币的升值受损，30%的厂家受益，但后者的受益总额是前者受损总额的4倍。以电力设备制造、服装制造、皮革制造和纺织业三大主要收益行业为例，这三个产业的产品中用于出口的部分分别占总产出的62.4%、46%和71.3%；采矿和林产品属于初级产品出口型部门，虽然可以享受"有利供给"的优势，但作为初级产品出口部门，其原本利润空间就很低，面对进口产品的降价，价格优势不明显，产出受到严重影响（见表6.5）。

表 6.5　　不同升值方式对不同行业的部分产品价格的影响　　单位：%

年份		2007	2008	2009	2010	2011	2012	2013	2014	2015
一次性升值25%	谷物	-22.7	-7.89	-7.89	-7.89	-7.89	-7.89	-7.89	-7.89	-7.89
	肉类及动物产品	-11.5	-10.3	-10.3	-10.3	-10.3	-10.3	-10.3	-10.3	-10.3
	原油	-16.7	-12.9	-12.9	-12.9	-12.9	-12.9	-12.9	-12.9	-12.9
	铁矿砂	-10.7	-3.68	-3.68	-3.68	-3.68	-3.68	-3.68	-3.68	-3.68
	住房	-21.9	-11.6	-11.6	-11.6	-11.6	-11.6	-11.6	-11.6	-11.6
年均升值13.5%	谷物	-15.9	-8.87	-8.87	-8.87	-8.87	-8.87	-8.87	-8.87	-8.87
	肉类及动物产品	-5.64	-9.87	-9.87	-9.87	-9.87	-9.87	-9.87	-9.87	-9.87
	原油	-6.63	-14.5	-14.5	-14.5	-14.5	-14.5	-14.5	-14.5	-14.5
	铁矿砂	-8.32	-12.7	-33.0	-33.4	-33.4	-33.4	-33.4	-33.4	-33.4
	住房	-12.6	-19.2	-24.1	-29.6	-29.6	-29.6	-29.6	-29.6	-29.6
年均升值8%	谷物	-7.68	-7.64	-12.6	-12.9	-18.0	-18.0	-18.0	-18.0	-18.0
	肉类及动物产品	-5.04	-7.99	-11.2	-10.7	-13.3	-15.2	-15.2	-15.2	-15.2
	原油	-8.63	-15.9	-13.6	-17.2	-21.5	-28.3	-28.3	-28.3	-28.3
	铁矿砂	-14.8	-15.6	-20.4	-21.1	-27.5	-19.8	-19.8	-19.8	-19.8
	住房	-12.7	-6.63	-10.9	-12.1	-18.3	-18.3	-18.3	-18.3	-18.3
年均升值5.7%	谷物	-9.22	-7.89	-11.2	-13.6	-13.5	-13.5	-13.5	-13.5	-13.65
	肉类及动物产品	-7.64	-10.7	-13.2	-10.4	-15.4	-15.4	-15.4	-15.4	-15.4
	原油	-8.87	-12.9	-8.87	-10.9	-10.2	-10.2	-10.2	-10.2	-10.2
	铁矿砂	-10.1	-13.6	-19.7	-19.7	-19.7	-19.7	-19.7	-19.7	-19.7
	住房	-9.11	-11.2	-11.2	-11.2	-11.2	-11.2	-11.2	-11.2	-11.2

通过降低原材料，特别是支柱产业的进口原材料价格，人民币升值能够有效地起到平抑物价，减轻通货膨胀压力并防止通货膨胀进一步扩散。在短期内，一次性大幅升值会造成投资的迅速增长，但这种增长将刺激资产价格暴涨，提高投资成本，使得热钱涌入难以为继，长期来看并不会造成投资的紊乱。人民币升值在短期内温和刺激劳动力市场，拉动实际工资上涨，提高居民实际购买力；但长期并不会调高劳动力成本，拉动 CPI 走高。

随着人民币国际化进程的深入，人民币汇率变动首先能通过影响国内进口替代品的价格，间接影响消费品价格。人民币升值降低了进口品价格，国内消费者将用进口品替代国内近似产品消费，使国内进口替代品的需求下降，从而有助于国内一般物价水平的下调。其次，通过生产成本机制，人民币升值有助于带动进口原材料如燃料、能源价格的下跌，因此有助于降低国内企业的生产成本，带动中国国内物价的下降。再次，长期以来，美元是国际通用货币，外贸结算都是用美元进行，由于中国实行外汇管制，实行紧盯美元的外汇政策，大量出口外汇在国内换成人民币流通（即外汇占款），加剧了国内通货膨胀。如果采用人民币结算，其他国家势必储备人民币，可以有效减轻、转移国内通货膨胀。最后，外汇占款的存在影响了中国货币政策执行的有效性，通过人民币国际化减少双顺差实现外部均衡可以有效减少外汇占款，从而提高货币政策调控物价水平的效果。

第五节　人民币国际化对货币政策的影响

货币国际化最大的影响莫过于在货币国际化背景下，一国的货币政策面临的政策约束将发生重大变化。在讨论人民币国际化对货币政策的影响时，本节将分别从货币政策独立性和有效性以及货币替代三个角度来探讨。

一、对货币政策独立性的影响

当前中国的状况大致可以说是以人民币经常项目可自由兑换而资本项目不可自由兑换，相对独立的货币政策和“有管理的浮动汇率制”为主要特征。虽然货币当局在主观上了选择独立的货币政策和汇率稳定的目标，放弃资本自由流动，但在事实上的选择却是稳定人民币汇率和在利差和汇差双重诱惑下的资本违规流动，而无法实现独立的货币政策。谢平和张晓朴（2002）[①] 研究了1994年到2002年以来中国货币政策与汇率政策的三次冲突，证明了克鲁格曼的“三元悖论”在中国是成立的，也间接支持了中国货币政策非独立性的说法。他们认为国际资本在中国的进出已经越来越自由，在这种情况下，中国独立的货币政策和稳定汇率的目标面临着严重的冲突。近年来，货币当局为维护汇率的稳定，缓解人民币升值压力，被动参与外汇市场上的买卖，吞吐大量人民币，这正是货币政策受制于汇率稳定目标的突出表现。当人民币成为国际货币，中国由经济大国转变为经济强国之时，中国货币政策应该从国内经济利益出发，而不能也不可能被动受制于他国。因此，从这个意义上讲，当人民币国际化以后，如果放弃汇率稳定这一目标，那么货币政策的独立性将得到极大的增强。

根据“三元悖论”理论，一国经济无法同时实现货币政策的独立自主性、汇率的稳定性和资本的自由流动性这三个宏观经济政策目标。而对于国际货币发行国来说，只能有一种选择，即汇率稳定和资本自由流动的组合。因为一个高度开放的不受管制的金融市场和货币价值的稳定是保证一种货币成为国际货币的重要前提。根据这样一种理论来推论，在人民币国际化后，中国必须放弃一定的货币政策自主性。人民币被其他国家所持有，中国国内的货币政策会在一定程度上受到国外持有人民币数额的牵制，并有可能因此导致中国内外均衡的冲突；中国制定的以本国经济

① 谢平、张晓朴：“货币政策和汇率政策的三次冲突——1994—2000年中国的实证分析”，载《国际经济评论》，2002年第3期。

目的为中心的国际收支政策和货币政策，势必会对其他国家产生影响，反过来，其他国家就会相应地制定适合本国宏观经济的政策，从而抵消中国货币政策的部分作用。因此，中国宏观经济调控难度也将进一步增加。

二、对货币政策有效性的影响①

货币政策的独立性与有效性是相互区别的，独立性处于较为宏观的层面，有效性则更为微观。货币政策是否独立与它是否有效并无必然的联系。一般来说，利率、汇率和财富效应是货币政策传导机制的三个主要因素，人民币国际化也将主要通过这三个机制对货币政策的效果产生影响。

一是人民币国际化意味着债券和股票等直接融资市场中人民币的使用增加，这会刺激直接融资市场的发展，增强货币政策的有效性。这是因为人民币金融工具的放大使用有助于增加金融市场的流动性和规模，使得市场利率对官方利率的调整反应更为迅速。比如，当中国货币当局决定实施紧缩性货币政策时，通常会提高官方利率或减少基础货币供给。假定价格存在粘性，在这种情况下，官方利率提高，市场利率将会对政策做出反应，短期实际利率和长期利率都可能上升。其结果是投资需求或消费需求很可能下降，导致总需求和总产出下降。人民币国际化会在很大程度上影响这种传导机制的有效性。金融市场流动性越强，市场利率对官方利率变化的调整越敏捷。换言之，人民币国际化将增强货币政策的有效性。然而在目前阶段，由于中国的利率仍然没有完全实现市场化，人民币国际化还不太可能通过利率渠道放大货

① 高海红、余永定：“人民币国际化的含义与条件”，载《国际经济评论》，2010年第1期。

币政策的效应。

二是人民币国际化将刺激针对货币政策变化的套利活动，抵消国内货币政策变化的效果。在国际资本自由流动的条件下，从紧的货币政策导致利率升高，进而引起货币升值。如果利率和即期汇率偏离预期或者真实汇率偏离名义汇率，在货币政策从紧的情况下，持有人民币资产是有利的，国际炒家将通过持有更多的人民币资产进行套利。从理论上讲，套利活动将缩小国际间的利率差异，这将抵消国内货币政策变化的效果。

三是人民币国际化也可以通过财富效应影响货币政策的有效性。旨在刺激投资支出的官方利率下调将导致资产价格上升，因为持有人民币资产的收益增加。公司市值也将相应上升，从而刺激企业进行更多的投资支出。这种情况下，人民币国际化将导致更多的资本流入人民币股票市场，从而放大了宽松货币政策的财富效应。

三、货币替代风险对货币政策的影响[①]

所谓货币替代（Currency Substitution）是指在开放经济与货币可兑换条件下，由于本币贬值或其他因素致使本国居民对本币失去信心，从而产生本币的货币职能部分或全部被外国货币替代的现象。由此可见，人民币国际化为人民币发生货币替代提供了可能。货币替代不仅会扰乱中国正常的金融秩序，削弱中央银行对金融体系的控制权，而且还会妨碍中国货币政策的独立性并影响货币政策对宏观经济的效果。

传统理论认为，浮动汇率制有助于一国执行独立的货币政

① 刘仁伍、刘华：《人民币国际化风险评估与控制》，社会科学文献出版社，2009 年，第五章。

策。在浮动汇率制下，国际收支总是趋于平衡，不存在两国之间货币的净流动，货币当局也无须干预市场以保证币值，因此，浮动汇率之下两国货币在供给方是完全不替代的。而货币政策在浮动汇率制下保持完全独立性的一个重要前提是各国货币在需求方也是不替代的，即一国居民只持有本国货币。但在当前的经济全球化环境中，这一前提显然是难以成立的。假如中央银行试图通过实施扩张性的货币政策来刺激国内的投资与消费需求，但经济主体预期通货膨胀率上升，会立即将部分增加的货币余额转换为币值稳定的外币，随着转换替代程度的加大，货币政策的效力将大打折扣，甚至有失效的风险。

总之，人民币国际化对货币政策有效性的影响是不确定的，目前，中国的利率仍然没有完全实现市场化，短期资本流动仍然受到控制，人民币国际化对货币政策有效性的影响并不明显，但是随着人民币国际化步伐的推进，这种影响会逐渐显现。可以预见，人民币国际化将会加大中央银行当局的货币政策执行难度，并且当人民币的收益率与国际其他货币发生偏离时，人民币可能被替代，从而严重威胁中央银行货币政策的宏观经济效果。

第六节　人民币国际化对中国金融体系的影响

人民币国际化从本质上来说是一个金融问题，在其实现过程中，与金融体系的良性互动是一个必要条件。本节从金融市场、金融机构和金融监管等方面分析人民币国际化对金融资源配置和效率的影响。

一、人民币国际化对中国金融市场的影响[①]

一是有利于促进中国金融市场的开放。对货币市场与资本市场，人民币国际化的推进丰富了人民币计价资产的品种，节约了货币结算成本，有利于本国居民和非居民直接使用人民币参与国内外的投资，也必然会对市场的效率和市场水平提出更高的要求，以一种外力的形式促进货币市场和资本市场的开放；对于外汇市场和金融衍生品市场而言，人民币国际化将使人民币汇率更多地依靠市场力量来决定汇率水平，一方面可以推动外汇市场的有序发展，另一方面也有利于人民币衍生品的定价、推广和运作，从而带动中国金融衍生品市场的发展。

二是可以促进人民币离岸市场的培育和发展。随着人民币国际化的推进，境外对人民币的需求有所增加，为非居民提供人民币投资或筹集资金的人民币离岸市场的出现和壮大将成为必然。借助人民币离岸市场这一平台，人民币国际化不仅有助于形成一个完全市场化的人民币利率指标体系，而且可以为国内的外汇市场调节提供参考，并带动中国和亚太地区经济的合作深度。

三是可推动中国金融体系国际化。人民币国际化能促进中国金融业积极参与国际市场竞争。从历史事实来看，来自国际货币发行国的金融机构将比其竞争者具有先天的优势。人民币虽然还未成为国际货币，但已在周边国家部分流通，将会有更多的国际贸易、国际资本以人民币为计价货币，在这一区域的交易中，中国金融部门具有明显的优势，从而可以增强中国金融业的国际竞争力。此外由于人民币替代周边国家货币发挥价值尺度、交易媒

① 巴曙松、吴博：“人民币国际化对中国金融业发展的影响”，载《西南金融》，2008 年第 4 期。

介和储藏手段的职能，这可以看做是人民币区域化的开始，也可以说是货币国际化的前奏。

四是可缓解货币错配的风险。Goldstein 和 Turner（2005）将货币错配定义为：由于一个权益实体（包括主权国家、银行、非金融企业和家庭）的收支活动使用了不同的货币计值，其资产和负债的币种结构不同，导致其净值或净收入（或者兼而有之）对汇率的变化非常敏感。从本质上来说，货币错配所研究的主要内容还是汇率风险问题，只有改善中国外汇资产的货币错配和期限错配问题，才能有效地规避汇率风险，实现资产的持续投资和经营（夏建伟等，2006）。当人民币满足国际化的条件成为国际货币之一后，在国际贸易、国际融资中中国就可以直接采用人民币来进行，即在资产/负债、收入/支出基本上采用人民币来定值，这样就可以避免或减轻货币错配风险。

二、人民币国际化对中国金融业的影响

一是有利于推动中国的银行业务，特别是中间业务的全面创新。中国经济的飞速发展和人民币国际地位的提高，带来了中国的国际贸易、人民币国际支付以及资本市场资金注入的大幅增加。相应地，中资银行可以通过国际结算、国际银行卡、基金托管等业务，大力发展国际中间业务，分享经济高速发展和人民币国际化带来的稳定收益。另外，在人民币国际化和金融衍生品市场不断发展的背景下，中资银行还可以更好地发展货币类金融衍生品，如远期外汇合约、外汇期货、外汇期权、货币互换等，从而转变中资商业银行的业务类型，提高其金融产品创新和获取低风险利润的能力。日益涌入的外资金融机构在带来竞争的同时，也会迫使中资银行对自身在资金、业务品种、服务手段以及利率

和汇率风险管理等方面提出更高的要求，这就势必会推动中国建立起符合市场需求的银行体制和金融市场体系，从而有助于推进中国国际金融中心地位的形成。

二是对证券业的影响。人民币国际化意味着人民币出入境将更加自由和灵活，国内外资本市场对人民币的运用也将更加广泛，资本项目开放程度的加深将扩大境外资本进入中国资本市场的途径和规模，从而逐步加深中国证券业的国际化程度。具体来说，对证券业的影响分为以下两点。

首先，对股票市场的影响。股票市场是金融市场中最活跃的子市场之一，股票市场的发达程度直接反映了该国的资金效率。货币国际化给股票市场带来的影响是双重的。一方面，货币国际化能够促进货币资本的跨境流通，从而提高国内股票市场上的资金运作效率，有助于提高股票市场的活跃和繁荣程度；另一方面，货币国际化使国际资本的国界障碍消除，因而容易引发资本市场的波动。

其次，对债券市场的影响。从目前看，中国债券市场的国际化程度还不高，人民币债券的发行几乎全部局限于国内。这不仅不利于中国外债融资的发展，还阻碍了中国资本市场国际化的进程。人民币国际化将提高人民币汇率的稳定性，并促进人民币的跨境流通，因此对人民币债券的跨国发行起到积极的促进作用。人民币国际化将使人民币在国际货币领域的使用频率大幅提高，从而扩大人民币计价债券的份额。

第七章

人民币国际化的路径与政策选择

由国际货币的兴衰史可以发现，经济大国走向经济强国的过程必然伴随着本币国际化的问题，只有这样才能确立起在国际货币金融体系中的话语权，并使本国经济的发展摆脱外部势力的影响，按照自身的规律运行。从目前中国的经济形势看，经过三十多年的稳步发展，人民币国际化的一些初步条件已经具备，如何制定一条安全、可控、平稳、顺利的推进人民币国际化的路径已是当前亟待解决的重要问题。

第一节　人民币国际化的路径选择与必备条件

人民币国际化是指人民币能够跨越国界在境外流通，成为国际上普遍认可的计价、结算及储备货币的过程。在中国经济高速稳定增长支撑下，人民币的信誉度不断提升，赢得了区域内市场的信赖和需要，这为中国推行人民币国际化提供了有利的条件，但是，人民币成为国际货币是一个渐进的过程，必须在借鉴国际经验，特别是美元、欧元和日元等成为国际货币经验的基础上，立足中国社会经济的实际情况，走出一条具有自身特点的人民币国际化之路。

一、人民币国际化的现实条件

如前所述，一是中国经济实力和综合国力的不断增强。多年来，中国 GDP 一直保持快速的增长态势，外汇储备也大幅攀升。由图 7.1 可见，在 1978 年至 2010 年，中国的国内生产总值由 1978 年的 3 645 亿元猛增到 2010 年的 397 983 亿元，外汇储备由 1978 年的 2 亿美元增加到 2010 年的 28 473 亿美元，2010 年的国内生产总值和外汇储备分别名列世界的第二位和第一位。同时，在1997年东南亚金融危机和2008年全球金融危机中，中国负责任的态度在国际上获得了一致的公认，在国际上的政治影响力不断增强，国家的综合实力得到进一步的提升。

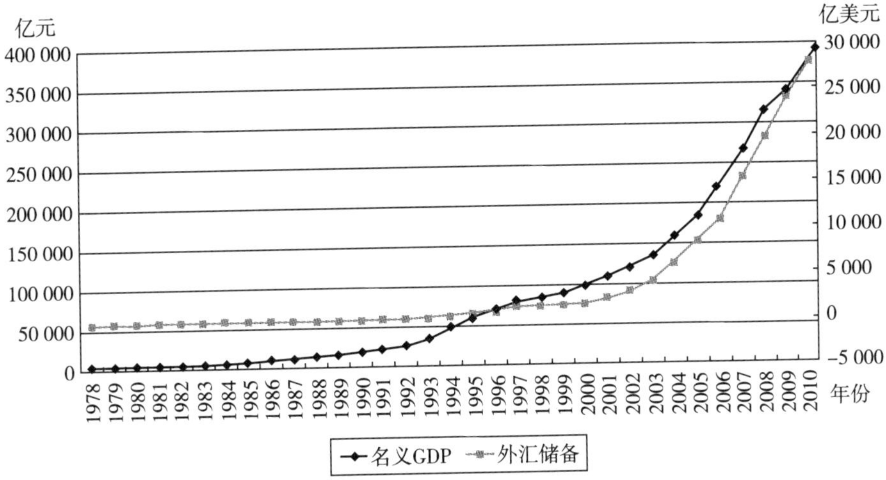

资料来源：历年《中国统计年鉴》。

图7.1　1978—2009年中国的国内生产总值和外汇储备变动情况

二是汇率体制改革稳步推进。自1994年汇改以来，人民币汇率一直处于稳中有升的态势之中，这进一步提高了人民币的国际地位，增强了人们对人民币的信心。而2005年7月所推行的汇改，改变了12年来人民币单一盯住美元的政策（见图7.2）。

这些措施不仅进一步完善了中国汇率形成机制，而且使得人民币汇率的制定与调整越来越国际化。同时，近些年来，中国外汇交易产品品种不断丰富，发展了远期、掉期等避险工具，在银行间外汇市场引入做市商制度和询价交易方式，这些都为逐步实现人民币的自由兑换和国际化，提供了较为可靠的保障。

三是金融市场的宽度和深度日益加深。近些年来，中国的金融市场获得了快速的发展，金融产品日益丰富，利率市场化

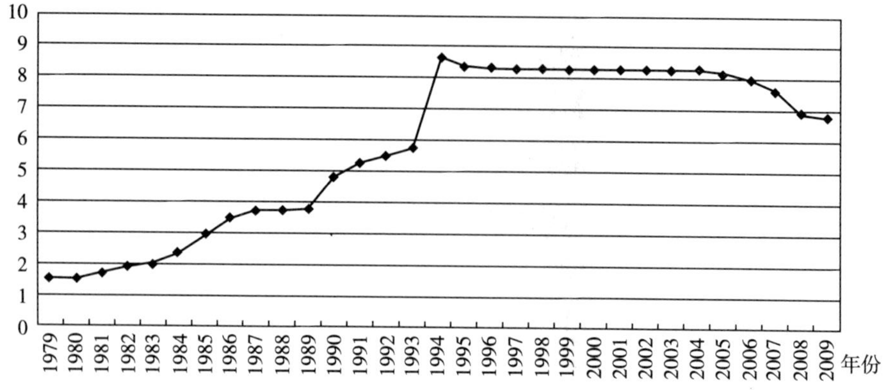

资料来源：历年《中国统计年鉴》，2009 年数据来自中国人民银行官方网站：http：//www.pbc.gov.cn/publish/html/2009s08.html。

图 7.2　1979 年以来人民币汇率变动情况

逐步推进，与国际金融市场的一体化程度也在不断的加强。截至 2010 年 11 月 30 日，中国股市的总市值达到 26.43 万亿元，居全球第三位（见图 7.3）。资本市场国际化进程稳步推进，

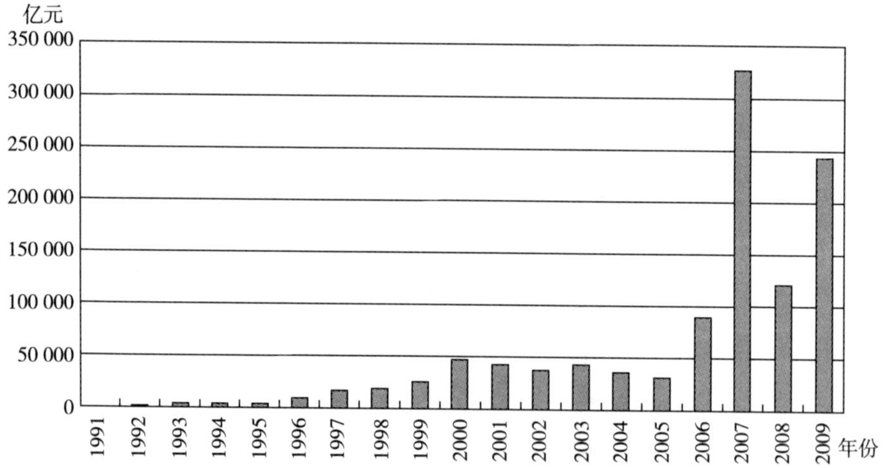

资料来源：历年《中国金融年鉴》。

图 7.3　1991—2009 年中国股票市场价格总值变动情况

QFII 的推出则进一步便利了外资进入中国的资本市场，外资银行进入中国金融市场并允许经营人民币业务，进一步放松外商投资中国市场的条件等为人民币国际化提供了有力的金融支撑。

四是人民币区域化趋势日益明显。随着中国综合实力的不断提升，人民币在国际上的地位也获得了较大的提高，已经跨越国界在部分国家或地区流通，而在东南亚地区，人民币已经成为仅次于美元、欧元和日元的一个“硬通货”。为了加快人民币国际化的步伐，近些年来，中国政府也采取了一些重要举措，如与周边国家或地区建立自由贸易区（见表 7.1），先后与若干国家和地区的货币部门签署了货币互换协议，制定了《跨境贸易人民币结算试点管理办法》，并在上海市和广东省的广州、深圳、珠海、东莞 4 城市开展跨境贸易人民币结算试点的基础上，又把试点地区扩大到北京、天津、内蒙、新疆等 22 个省（市、自治区），以及对三类境外投资者开放国内银行间债券市场等。这些举措的实施，不仅大大推动了人民币在贸易地区的流动，而且标志着中国人民币国际化已经进入到了实质性阶段。

表 7.1 中国与其他国家或地区建立的自由贸易区

贸易区	国家或地区	具体达成协议
中国内地与港澳更紧密经贸关系安排	中国内地、香港和澳门	2003 年中国内地与香港特别行政区、澳门特别行政区政府分别签署了内地与香港、澳门《关于建立更紧密经贸关系的安排》，2004 年、2005 年、2006 年又分别签署了《补充协议》、《补充协议二》和《补充协议三》，该协议涉及货物贸易、服务贸易和贸易投资便利化等领域。

续表

贸易区	国家或地区	具体达成协议
中国东盟自贸区	中国和东盟十国	2002 年 11 月双方签署了《中国东盟全面经济合作框架协议》；2004 年 11 月双方签署了《中国东盟全面经济合作框架协议货物贸易协议》；2007 年 1 月双方签署了《中国东盟自贸区服务贸易协议》。
亚太贸易协定	中国、孟加拉国、印度、老挝、韩国和斯里兰卡	2005 年 11 月几方签署了《亚太贸易协定》，协定涉及商品贸易的关税、边境税费和非关税措施三方面的减让。
中国智利自贸区	中国和智利	2005 年 11 月双方签署了《中国智利自由贸易协定》，主要涉及货物贸易；2008 年 4 月双方签署了《中智自贸协定关于服务贸易的补充协定》；2009 年 1 月 14 日，中国智利自由贸易区投资首轮谈判在智利首都圣地亚哥启动。
中国巴基斯坦自贸区	中国和巴基斯坦	2006 年 11 月双方签署了《中国巴基斯坦自由贸易协定》，主要涉及货物贸易；2009 年 2 月双方签署了《中国巴基斯坦自由贸易区服务贸易协定》。
中国新西兰自贸区	中国和新西兰	2008 年 4 月双方签署了《中国—新西兰自由贸易协定》，协定涉及货物贸易、服务贸易、投资等多个领域。
中国新加坡自贸区	中国和新加坡	2008 年 10 月双方签署了《中国和新加坡自由贸易协定》和《中国和新加坡关于双边劳务合作的谅解备忘录》，协定涵盖了货物贸易、服务贸易、人员流动、海关程序等诸多领域。
中国秘鲁自贸区	中国和秘鲁	2008 年 11 月双方签署了《中华人民共和国和秘鲁共和国自由贸易协定》，协定涉及货物贸易和服务贸易领域。

资料来源：中国自由贸易区服务网：http：//fta. mofcom. gov. cn/。

二、人民币国际化应遵循的原则

（一）渐进性原则

从英镑、美元和欧元的经验来看，货币国际化的实现需要经历数十年甚至上百年漫长的过程。一国货币走向国际化是不能凭主观愿望一蹴而就的，需要经历长时间的努力才能得到国际社会的认可。因此，中国应从自身的特点出发，制定人民币国际化的长期发展路径，坚持由低级到高级、由点到面、由周边到区域，再逐渐扩展到全球范围的渐进性发展原则。应注重建立币值稳定的货币体系，培育发达的金融市场，努力培养中国经济核心竞争优势。在此基础之上，加大与周边各经济体间的经贸合作，建立全方位的自由贸易圈，为人民币国际化奠定坚实的地域经济基础。由于中国在短时间内难以实现资本项目的全面开放，为了尽量减少金融发展滞缓对人民币币值稳定造成的影响，应积极建立人民币离岸中心，借助发达金融市场提高人民币的区域影响力，同时也有利于规范人民币的境外流通。在人民币具有较强区域影响力的基础上，通过与日本建立密切的合作伙伴关系，在东亚区域合作的基础上，逐层推进人民币国际化的进程。

（二）安全性原则

从主权货币国际化的经验来看，主权货币国际化不仅仅会给主权国带来巨大的收益，也会给中国的经济金融产生一些负面的影响，就人民币国际化可能引致的负面影响而言，其具体表现为[①]：一是对中国经济金融稳定产生一定影响。人民币国际化使中国国内经济与世界经济紧密相连，国际金融市场的任何风吹草

---

① 引自中国社科院重点课题“国际化战略中的人民币区域化”。

动都会对中国经济金融产生一定影响。二是增加宏观调控的难度。人民币国际化后，国际金融市场上将流通一定量的人民币，其在国际间的流动可能会削弱中央银行对国内人民币的控制能力，影响国内宏观调控政策实施的效果。三是加大人民币现金管理和监测的难度。人民币国际化后，由于对境外人民币现金需求和流通的监测难度较大，将会加大中央银行对人民币现金管理的难度。特别是在当前中国的金融市场不完善、利率和汇率市场化水平低、缺乏调控经验和手段的情况下，更应秉持安全性原则，循序渐进地推进人民币的国际化进程。

（三）可控性原则

货币国际化是一个系统而又复杂的工程，需要诸多条件之间的相互配合。从一些国家货币国际化的历程可以看到，其中也不乏以日元国际化为代表的失败的教训。20 世纪 80 年代，日本经历增长奇迹后的经济实力大增，由此也拉开了日元国际化的序幕，但是在自身金融市场的相对落后和产业结构的升级未能成功的情况下，其过早地推行了金融自由化，导致内外经济环境的失调，国内的经济泡沫严重，最终在 1985 年 9 月《广场协议》的诱导下，日本的经济陷入了停滞不前的境地，国际化的进程也出现了逆转。基于此，在推行人民币国际化的过程中，一定要以我为主，既不屈从国外的任何压力，又要做好各方面的协调工作，确保人民币国际化的进程在可以控制的范围内稳步推进。

三、人民币国际化的路径选择

中国推进人民币国际化的进程，在战略和政策取向上可从两个层次、用“三步走”来概括。[①] 首先，在地域扩张上采取“三步走”，即坚持人民币先周边化、再区域化、最终走向国际化的取向；其次，在货币职能上也采取“三步走”，即坚持人民币结算货币[②]—人民币投资货币[③]—人民币储备货币的取向，先逐步增加人民币在全球国际贸易结算中的份额，再使人民币逐步成为主要国际金融市场上的主要投资币种；最后，逐步成为储备货币（见图7.4）。

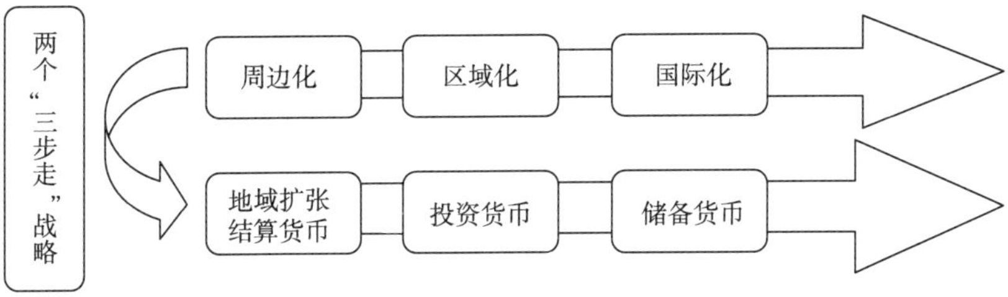

图7.4 人民币国际化总体趋势图

首先，上述“三步走”中的各步骤不是彼此割裂的，而是相互衔接、相互交叉进行的，不可作绝对化理解。另外，“逐步”意味着每一步都是一个错综复杂且循序渐进的过程，因此，既不可急于求成地拔苗助长，也不可坐以待时地贻误良机。

其次，从货币的流通区域来看，一国货币首先要具备跨国流通的基本条件，也即“自由化”阶段。这也意味着要首先实现货币利率、汇率和资本项目的自由化，因为只有具备了可预期的对

① 王元龙：“人民币国际化的两个‘三步走’”，载《商务周刊》，2010年第5期，第37－38页。

② 有学者把计价货币作为第一步，因为一国货币首先最容易先成为跨境贸易中的计价货币，进而成为贸易双方都能接受的结算货币。本文认为结算货币阶段包括了计价货币阶段。

③ 国外的文献认为此阶段应概括为“交易货币”或“流通货币”，本书认为人民币在此阶段会成为国际资本市场上的交易、投资活动的交易媒介，本质上不矛盾。

内、对外价值的形成机制，而且能自由兑换和流动，这种货币才能对外国企业和个人有吸引力。综观现有的国际货币无不具有“自由化”货币的基本特性。

再次，货币的“区域化”，也即利用地缘优势和区域经济的天然纽带，使本国货币成为周边及其他关系紧密的经济体所愿意接受和持有的公共货币，在区域范围内的结算、投资甚至储备活动中成为主要参与货币。欧元正是通过成为欧元区统一的区域性货币进而成为全球市场所认可和接受的国际货币。

最后，国际货币的“全球化”阶段，也即在全球范围内广泛自由流通，并充分行使价值储备等国际货币职能。

第二节　人民币国际化的国际货币环境与策略

目前的国际货币体系基本上是美元处于主导地位，欧元和日元处于从属地位的格局，人民币的国际化势必对当前的国际货币体系形成挑战，必然会面临包括美国在内一些国家或地区的责难，因此，中国应站在战略高度上，妥善处理在国际货币体系的各种关系，并制定相应的对策。从综合实力来看，中国与美国和欧盟地区仍有较大的差距，因此，应立足于实际情况，重点放在探求人民币在周边国家或者亚洲地区的区域化。

一、亚洲地区的货币环境

第二次世界大战后，美国以建立东盟和亚洲开发银行为契机，加强了对亚洲地区的控制，随着亚洲地区经济的快速发展，其对美国市场和资本的依赖也越来越强，从亚洲地区的经济最为活跃的东亚地区来看，20 世纪 90 年代以来，东亚地区与美国的关系得到进一步加强。

一是贸易依赖程度逐步加强。由表7.2可见，长期以来，美国一直是亚洲地区各国的重要出口对象。虽然在1998年东南亚金融危机后，美国在东亚市场中的地位表面有所下降，但是正如邱小欢（2010）所指出的，其根本原因是东亚—美国的贸易模式转变为东亚—中国—美国的贸易模式，因此，事实上东亚经济体与美国之间的贸易紧密度并没有下降。

表7.2 美国在东亚市场中的地位变化

年份	中国		日本		韩国		新加坡		中国香港		马来西亚		泰国	
	出口	进口	出口	进口	出口	进口	出口	进口	出口	进口	出口	进口	出口	进口
1985	3	2	1	1	1	2	1	2	1	3	3	3	1	2
1995	3	2	1	1	1	2	2	3	2	4	1	2	1	2
2004	1	4	1	2	2	3	2	2	2	4	1	2	1	3
2008	1	3	1	2	2	3	5	2	2	5	2	4	1	3

资料来源：邱小欢："东亚与美国经贸关系演变与新的发展出路"，载《东南亚纵横》，2010年第9期。

二是美元化程度日益加深。东亚各经济体的经济结构普遍为出口导向型，美国为其重要的贸易伙伴，在与美国的贸易中，东亚各经济体普遍是以美元作为主要计值货币。因此，大部分的东亚国家或采取了盯住美元或参考以美元为主的一篮子货币汇率制度，为了增强本国汇率与美元的信心，东亚大部分国家主要通过保持贸易顺差而逐渐积累了大量的外汇储备。大部分东亚国家或地区的外汇储备占全球外汇储备额超过60%，而中国2009年外汇储备则占到全球外汇储备的30%以上（见表7.3）。从外汇储备的投资渠道上来看，东亚主要国家或地区的外汇储备主要投资于美国证券市场，特别是美国国债市场，通过输出美元，美国获得了大量的铸币税收益，而东亚地区则成为美元霸权和美国全球战略的重要组成部分。

表 7.3　　2004—2009 年主要东亚国家或地区外汇储备在全球外汇储备中所占份额

年份 国家或地区	2004	2005	2006	2007	2008	2009
中国	0.16	0.20	0.21	0.24	0.28	0.30
日本	0.22	0.20	0.17	0.15	0.15	0.13
中国台湾	0.06	0.08	0.05	0.04	0.04	0.04
印度	0.03	0.03	0.03	0.04	0.04	0.03
韩国	0.05	0.05	0.05	0.04	0.03	0.03
中国香港	0.03	0.03	0.03	0.02	0.03	0.03
新加坡	0.03	0.03	0.03	0.03	0.03	0.02
泰国	0.01	0.01	0.01	0.01	0.02	0.02
马来西亚	0.02	0.02	0.02	0.02	0.01	0.01
印度尼西亚	0.01	0.01	0.01	0.01	0.01	0.01
总　计	0.64	0.66	0.61	0.60	0.62	0.64

资料来源：《中国商务年鉴 2010》，其中，2009 年为 10 月份数据。

二、日元在亚洲地区的地位

总体来说，"日元国际化"的战略并未取得成功，日元在对外贸易中的运用甚至有所倒退。在 1998 年东南亚金融危机爆发后，日元国际化战略的方向发生了重大的转变，日元国际化由原来注重日元在经常交易、资本交易和公共储备上发挥作用，转变为日元在亚洲区域的重要地位，即由"日元国际化"开始转向"日元亚洲化"。

从以上对美元和日元在亚洲货币体系的地位分析来看，美元在亚洲货币体系中依然占据着主导地位，虽然近年来东亚经济体之间的经济金融合作的步伐不断加快：2000 年的《清迈倡议》使得东亚各国之间的合作进入了实质性的阶段；2009 年 5 月 3

日，在印度尼西亚巴厘岛举行的ASEAN“10+3”财长会议确定了建立1 200亿美元的区域外汇储备库计划，使东亚各国之间的合作迈入了一个新的历程，但是，这并不预示着或者说东亚有实力或能力来摆脱当前的“美元体制”，建立所谓的“亚元体制”(或“日元体制”、“人民币体制”)。从货币史上看，国际货币体系变革在很大程度上是伴随着国际政治经济秩序的变化而产生的，是霸权更替的结果。当前或者今后的很长时间内，“美元体制”仍将在亚洲或者世界占据主导地位，而东亚金融体系或者货币体系的改革只能是对“美元体制”下探讨如何进一步稳定区域内的经济发展。

三、人民币国际化的策略分析

(一) 维护区域内经济稳定发展应成为人民币国际化的战略目标

首先，维持区域内经济稳定发展的目标有利于中国国际形象和地位的攀升。1997年，面对东南亚金融危机所带来的冲击，中国从区域内经济稳定的大局出发，奉行了“人民币不贬值承诺”，这不仅有利于其他亚洲国家尽快摆脱危机的影响，同时也避免了竞相贬值所带来的负面循环冲击。2007年，面对美国次贷危机的影响，中国实施了四万亿元的投资计划，带动了世界经济的复苏。通过两次危机，中国以稳定区域乃至世界经济的发展为目标，履行了一个大国的责任，这不仅大大提升了中国的国际形象和地位，而且也为人民币的国际化提供了一个良好的政治和社会环境。

其次，维持区域内经济的稳定发展是区域内各经济体的一致要求。一个稳定的金融体系对于经济的发展具有重要的作用，虽然“美元体制”具有诸多的弊端，但是，它也为世界经济的发展提供了一个相对稳定的货币体系，也正是在这个货币体系之下，亚洲各国的经济获得了快速的发展。这一方面导致了东亚各国对美国较强的贸易依附力，另一方面当前的“美元体制”导致了东亚各国对美国较强的金融依附力。通过长期的贸易顺差，东亚各国积聚了大量的美元外汇储备，其外汇储备常年占到世界外汇储备的60%以上，而这些资产在投资多元化的需求下，又大量的以美国国债等形式回流到了美国（见表7.4），东亚各国的金融资产与美元的命运紧紧的捆绑在了一起。从以上分析可见，贸易和金融都要求我们要把当前“美元体制”下的各方利益需求放在第一位，应以当前“美元体制”中的不利因素为突破口，以稳定区域内的经济发展为目标，而不是简单的“去美元化”，也只有这样，人民币国际化的推进才可以得到区域内有关各方的支持。

表7.4　　东亚地区持有美国政府债券统计　　单位：10亿美元

东亚经济体	2009-12	2008-12	2007-12	2006-12	2005-12	2004-12	2003-12
日本	765.7	626.0	581.2	622.9	670.0	689.9	550.8
中国	894.9	727.4	477.6	396.9	310.0	222.9	159.0
韩国	40.3	31.3	39.2	66.7	69.0	55.0	63.1
新加坡	39.2	40.8	39.8	31.3	33.0	30.4	21.2
泰国	33.3	32.4	27.4	16.9	16.1	12.5	11.7
中国香港	148.7	77.2	51.2	54.0	40.3	45.1	50.0
中国台湾	116.5	71.8	38.2	59.4	68.1	67.9	50.9
合计（东亚地区）	2 038.6	1 606.9	1 254.6	1 248.1	1 206.5	1 123.7	906.7
合计（外国持有者）	3 691.5	3 076.9	2 353.2	2 103.1	2 033.9	1 849.3	1 523.1
所占比重（%）	55.22	52.22	53.31	59.34	59.32	60.76	59.53

（二）区域合作是人民币国际化战略的重要步骤

从当前的客观现实情况来看，无论是日元还是人民币都不具备挑战当前美元霸主地位的实力，基于此，人民币国际化必须依靠通过建立区域内各经济体之间的货币金融合作机制，逐步扩大人民币在周边乃至区域内的影响力，为人民币国际化战略的实施打下坚实的基础。

同时，在实施人民币区域化的战略中，按照“渐进性”原则，依照核心区—周边区—区域化的实施步骤去推广。其中，核心区为中国大陆、中国香港、中国澳门和中国台湾，周边区为越南、俄罗斯等一些传统的边境贸易区。在核心区要积极推广货币金融一体化的战略，加快人民币离岸金融市场的建设步伐，积极开发和推广人民币金融衍生品和市场，使其成长为人民币区域化的市场发动机；在周边区，加强与周边国家和地区政府的合作，加快边境自由贸易区的建设和完善，加强人民币在贸易、旅游等交往中的结算规模，强化人民币国际化的地域经济基础建设；在亚洲区，在互惠互利的前提下，积极推广国家间的货币合作，并力争在货币合作中的主导和核心地位（见图 7.5）。

（三）重构国际货币体系是人民币国际化战略的最终目标

首先，当前国际货币体系存在着缺陷。一是缺乏一个能够扮演各国中央银行最后贷款人并对国际货币体系进行统一组织与领导的真正意义上的世界中央银行，而由美联储在一定程度上扮演世界中央银行，造成现有储备货币发行国只享受征收巨额铸币税的权利，而不承担调节全球货币供应量的义务，权利与义务严重失衡是现行国际货币体系纷乱无序、动荡不安的组织根源。二是缺乏一种真正意义上的国际货币，而由少数主权国家的信用货币充当国际货币，造成现有几种国际货币缺乏统一信用基础、供给

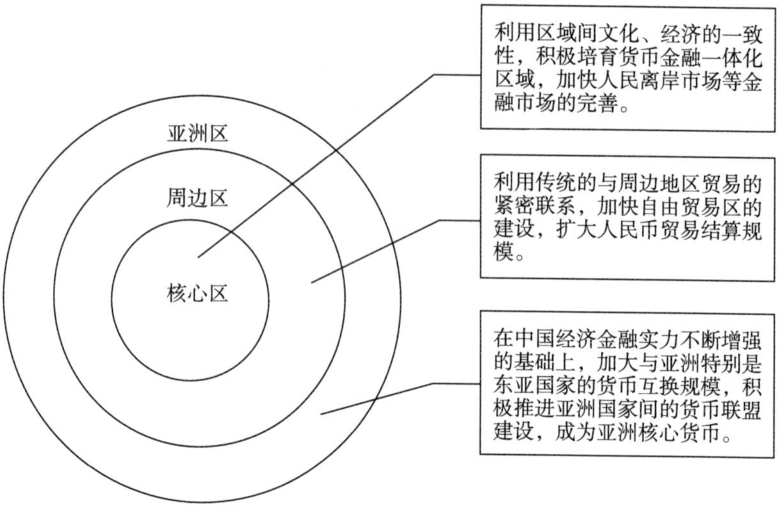

图 7.5　人民币国际化空间战略布局

不受约束、无法根据国际经济的客观需要提供相应国际流动性，以及产生所谓“特里芬难题”的货币制度根源。三是缺乏一整套符合现代信用货币作为管理货币条件下汇率决定与调整本质要求的国际汇率制度安排及相应的约束干预调整机制，而让汇率完全听任市场供求力量自由浮动，造成信用货币制度下汇率剧烈波动，经常脱离价值基础、偏离均衡水平，引发货币竞争性贬值或竞争性升值，导致国际贸易争端和全球金融危机。四是缺乏一整套可以针对不同原因导致的不同类型国际收支失衡，由各国在储蓄—投资结构及经济结构方面的差异所造成的结构性失衡，以及由各种偶发原因所造成的临时性失衡，分别进行事前预防和事后调节的有效的国际收支调节机制，是造成国际经济严重失衡、引发国际争端和经济危机的主要原因。

其次，当前所提出的各种国际货币体系改革方案及其演变趋势。国际货币体系的改革是一个复杂而渐变的历史过程，目前还不具备对国际货币体系全面推倒重来的条件，只能在现有的国际货币框架下，对金融危机中暴露出来的缺陷进行完善。就目前各方的改革观点来看，对国际货币体系进行改革的模式主要有以下几种：一是将美元直接转化为世界货币，将美联储转变为世界中央银行，可以比照欧洲中央银行的模式，让各国共同参与管理美元。二是将国际货币基金组织成改造成为世界中央银行，创造一个新的世界货币，按照人口和 GDP 等规模确立各国在世界中央银行的股份和投票权。三是世界主要大国（美国、欧洲各国、中国、日本、俄罗斯、英国、印度、巴西等）签署国际货币协议，创立世界货币单位，世界货币单位背后的基础是上述大国的一篮子货币再加上黄金。各国货币和世界货币单位挂钩。将国际货币基金组织改造成为管理世界货币单位和世界储备的机构（准世界中央银行）。这可能是“重建布雷顿森林体系”的最佳方案。四是积极稳步推进区域货币和金融合作。这对中国尤其重要。中国应该加速和周边国家的金融货币合作，特别是和东亚国家的货币金融合作，迅速提升人民币的国际地位，扩大人民币的流通范围。为今后进一步谈判构建世界货币做好准备。中国尤其要采取切实可行措施，推动国际储备货币的多元化和国际货币“战国时代”的形成。五是维持目前的国际货币体系不变。最多在国际货币基金组织和世界银行的人事安排和股份比例上有所调整，增加一些发展中国家的发言权。

最后，加快人民币国际化在国际货币体系重构中的定位。在 2008 年 11 月 15 日的二十国集团金融峰会中，胡锦涛总书记指出：“要改善国际货币体系，稳步推进国际货币体系多元化。”这一建议明确地表达了中国政府推动重构国际货币体系的方向，也成为改革国际货币体系的基本原则。无论从中国的现实情况和将来的发展趋势来看，积极扩大人民币的国际地位，争取成为未来国际储备货币中的重要一员都是非常必要的。

在亚洲金融风暴和美国次贷危机的冲击下，美元本位的国际货币体系受到了较大的冲击，“一超多强”格局正逐步向“多元并存”的格局转化。但是，为了维护美元的霸权地位和既得利益，美国采取了诸多的措施维护美元国际货币霸权地位，2000 年美国国务院发布的《美国国家利益——美国国家利益委员会报告》中宣称“作为拥有世界上最强大经济的国家和全球化的主要受益者，美国在巩固国际经济基础，制定有助于避免未来危机的政策、规划和机制等方面负有特殊责任”。而为了巩固其在东亚地区的霸权地位，否定了 1997 年日本政府在 IMF 和亚洲开发银行会议上提出建立“亚洲货币基金”（AMF）的构想，利用日韩力量对崛起的中国进行牵制，同时还在汇率问题上不断向中国施压，这一切都表明，中国所推行的多元化的国际货币体系的构建是一个长期的过程，在现阶段的美元体制下人民币不具备走直接国际化道路的条件和能力，而为了谋求在国际货币体系中应有的地位，应吸取日元国际化的教训，通过区域货币合作的集体行动，这不仅有助于减轻各种国际压力，而且还可以减少人民币国际化的成本，因此人民币国际化应该通过区域货币金融合作来实现，即通过人民币的区域化来推进其国际化。

第三节　人民币国际化与中国金融体系改革

人民币国际化的推进是一项系统的工程，绝不是一蹴而就的，为了避免人民币国际化过程中出现较大的风险，我们在推进人民币国际化的过程中应该未雨绸缪，内外结合，进一步完善和健全自身的金融市场建设，完善金融监管机制，加快人民币国际化的进程。

一、打造上海国际金融中心

2009年3月，国家审议通过了《关于推进上海加快发展现代服务业和先进制造业、建设国际金融中心和国际航运中心的意见》，明确提出了上海国际金融中心建设的总体目标。上海虽然具备成为国际金融中心的一定条件，但是与纽约、伦敦等相比还存在很大的差距，未来必须“软硬兼施”，在硬件方面加快港口、物流、国际航运中心的发展，以及IT、通信等方面的建设。在软件方面，应从以下方面努力：

一是构建大型金融集团并集聚国际金融机构。中国的商业银行总部大多不在上海，如四大国有银行总部都在北京，这影响了上海金融竞争力的提高，为此，可行的发展路径是将很多金融机构的业务总部放到上海，如信用卡中心、私人银行业务、资金运营中心和票据中心等；上海也可以通过收购、兼并和重组等方式建立本土的大型金融集团，开拓新业务和新市场，提高金融市场的竞争力。在集聚国际金融机构方面，上海市政府应出台各种鼓励和优惠措施，抓住国际金融产业梯度转移的机遇及金融自由化的趋势，大力吸引外资银行、投行、PE等，争取更多国际性金融机构总部或区域总部的进驻；促进外资金融机构在国内其他省市开展业务，使上海成为国际金融的集聚地。

二是积极与东亚国家和地区合作，探索上海和香港合理的分工合作模式。在建设上海国际金融中心的过程中，中国与东亚国家和地区有很多合作的空间，如促进亚洲基金的建立，作为上海国际金融中心主要的流动性来源；在上海开展美元离岸业务，提高美元财富的管理效率，形成与美元在岸市场的良性竞争。在与香港国际金融中心协作方面，上海的建设应与实体经济紧密结合起来，围绕建成航运中心等实体经济需要的人民币结算和保险等业务，坚持以金融为中枢，以经济为动力，以贸易为基础，以航运为保障；而香港应该把重心放在企业和个人的理财需求上，定位于金融危机下努力开展财富创造和风险管理的高端金融服务上，如多开展期货、期权业务等。

三是加快资本市场的发展。国际金融中心必定是以资本市场为核心的，而资本的核心竞争力在于优质的上市资源，上海应该从扩大供给和创造需求两方面入手，推进优质上市公司的 A 股发行上市。一方面，通过发展债券市场、促进海外蓝筹股回归、央企整体上市和吸引国外优质企业到中国上市等方式扩大供给。另一方面，是创造需求，扩大市场对金融产品的需求，同时提高证券化资产在整个金融资产中的比重，向国际金融中心功能的方向衍变。创造需求可以分为内部疏导和外部扩张，内部疏导是引导调整资产结构，鼓励投资证券资产，外部扩张则是扩大资本市场的开放度，吸引外国投资者。

二、发挥香港国际金融中心的作用

香港是著名的国际金融中心，有着完善的金融市场体系和充足的金融人才，在目前的人民币国际化进程中，香港发挥着十分重要的作用。2010 年 7 月 19 日《香港银行人民币业务的清算协议》的签订，使香港的人民币跨境清算量占到了全国的 75% 以上，成为人民币回流国内市场的重要渠道。长期以来，作为近邻和广阔腹地的珠三角经济区一直处于中国经济改革开放的前沿，形成了一种敢为天下先的创新精神和改革勇气。从深圳特区成功设立，到当前的人民币贸易清算试点，珠三角经济区已经在中国改革开放的进程中成功扮演了排头兵的角色，拥有了丰富的改革经验和雄厚的经济实力。例如，截至2010年末广东省金融业总资产已达11.54万亿元，2010年全省金融业增加值近2 500亿元，金融机构税后净利润达1 540亿元，风险投资基金和私募股权投资基金的数量和资产均居全国首位。货币市场、资本市场和保险市场无论在规模上还是在金融工具的品种和创新上都居全国前列。当前，珠三角和香港之间的经济金融一体化的进程正在日益加深，2004年《泛珠三角合作协议框架》和2010年《前海深港现代服务业合作区总体发展规划》等合作协议的签订，为珠三角经济区乃至全国充分利用香港国际金融中心地位，建立相互之间的互通机制，引入先进的经济金融改革经验，推进人民币国际化提供了新的契机。因此，充分发挥好香港国际金融中心的地位和作用，对积极推进人民币国际化与中国金融体制改革具有重大意义。

三、构建全球性银行系统

根据货币替代理论，人民币国际化是人民币资产境外需求增大、扩大流通范围的过程，这一过程必然对中国内地银行的各项业务产生影响（巴曙松，2007）。这些影响概括说来主要就是巨大的海外人民币业务机会，通过这些业务，中国银行可以不断扩大和完善海外市场布局，提高国际化发展水平和能力。因此，要积极推进银行业的对外开放，鼓励商业银行与周边国家或地区商业银行合作，共同改善金融合作环境，为双边和多边银行合作、互设机构提供政策支持和各种优惠待遇；扩展业务范围，增加服务品种，大力推进金融创新，鼓励推出各种创新业务，提高中资银行创新意识和创新能力；借鉴国际做法和惯例，提高速度和效率，加强行业自律和约束。使得在人民币国际化过程中，[①] 境外商业银行能够为其私人部门提供人民币的存、贷、结业务，从而使企业和个人愿意持有人民币并广泛地用于交易；形成较为完备的人民币结算海外清算网络，促进境外商业银行参与到人民银行人民币大额实时清算体系及银行间资金拆借体系之中，以利于其人民币头寸的灵活调度并获得收益；推动中国金融机构开拓海外市场，为人民币国际化服务。

四、完善金融监管机制

一是进一步增强中央银行的独立地位。要进一步增强中央银行的独立性，在外汇市场上，使中央银行成为主动的公开市场业务操纵者，而不再是传统计划经济体制下的银行结售汇余额的被动吸纳者。完善市场经济的同时，要适当开放二级外汇市场和逐渐放开资本管制，将中央银行独自承担的外汇风险分散给居民和企业，只有这样才能更真实的反映外汇的供给与需求。

二是强化中央银行的监管体系和货币政策调控体系。借鉴发达国家的成功经验，完善相关法律，对外资金融机构的市场准入制定严格的标准，在内控制度、资金实力、业务范围、信息披露和违法处理等方面进行规范，在对国内金融业进行适当保护的同时，加大对外资金融机构的监管力度，防患风险于未然。从《巴塞尔资本协议》审慎监管原则出发，以宏观审慎监管为核心，建立把预防性管理、存款保险制度和紧急救援行动结合起来的金融监管体系，进一步加快中国金融监管的国际化、规范化和系统化

① 王元龙："关于人民币国际化的若干问题研究"，载《财贸经济》，2009 年第 7 期，第 16 - 22 页。

建设。

三是完善商业银行的管理，提高金融主体的实际竞争力。完善商业银行体制机制，在确保“流动性、安全性、盈利性”的原则下，放开金融业多元化业务，逐渐开始金融混业经营，以适应国际化混业经营趋势。进一步推进银行体系的重组，强化中央银行和国有商业银行的绝对优势地位，完善现代化商业银行制度，建立国有大银行以提高其竞争力，并逐步使之成为国际大银行。进一步培养多元化市场投资主体，完善资本市场运行机制和体制，扩大资本市场流通规模，增加上市数量和品种，提高直接融资的比例。大力发展国债市场，建立统一、灵活、高效的货币市场。

四是建立安全的金融网络。实现高效稳健的金融监管，首先应该建立金融安全态势的监测与预警系统，及早发现与防范，避免局部风险向整个市场扩散的可能，以及避免离岸市场的金融风险对中国国内金融市场产生冲击的可能。另外，人民币国际化后，人民币现金的跨境流动可能会加大一些非法活动如走私、赌博、贩毒的出现，因此，要建立人民币外溢的监测预警系统，使外溢渠道合法化，并解决境外人民币回流的问题。加强海关、贸易、金融、旅游、税务、外汇局之间的合作，加强反洗钱、反假币等工作的实施，改善金融“防火墙”，保证金融安全。其次，网上银行、网上金融等先进的网上金融技术大步发展，但是中国银行金融电子化的平台大部分是从国外引进的，因此建设安全的金融网络，还应研究开发金融电子化的软件平台和金融电子设备的核心技术，提高金融装备的国产化水平。与此同时，要有与先进的网上金融技术相对应的安全措施，金融安全网络的建设要落实到网上银行支付系统、信用卡系统、结算系统等多个重要的银行业务系统。

五是加大对外开放力度，逐步放开外资银行经营人民币业务的限制，把外资银行纳入到中国的金融体系之内，加大对其的监管力度，与国内银行一起支持现代化建设。防止国际游资的冲击，把风险扼杀在“摇篮”中。鼓励外商投资，也鼓励合法的外资进入中国市场进行正常的投资，禁止短期投资鼓励长期投资。加强与国际上其他国家在金融监管方面的合作，借鉴国外先进的管理经验，积极参与国际金融市场游戏规则和金融政策的制定，最大限度地保障中国的国家利益。加强与港澳地区监管当局的共同合作，共同加强对金融市场的监管力度，对于外来资金要加强监控力度，制定切实可行的措施，防患于未然，维护中国金融市场的稳定，保障中国在处理金融事务上的主动权和自主权。

第四节　人民币国际化中的政策协调

从国际货币的演变历程来看，国际货币的形成过程往往伴随着资本项目的逐步开放，由此会带来资本大规模的流出和流入，从而对一国的货币政策和汇率政策造成较大的冲击，对此，应在人民币国际化的过程中逐步探索其与货币政策和汇率政策的协调机制，同时为了构建人民币回流的渠道，还应进一步加强与周边国家的政策协调。

一、人民币国际化与货币政策的协调

在人民币国际化之后，中国的货币供应量和利率都会受到较大的影响和冲击，而货币流通速度的变动则会加大对货币需求量测度上的难度，同时也不利于保持人民币币值的稳定，对人民币国际化的进程造成影响。基于此，在人民币国际化的进程中，应

对货币政策进行适应性的调整。

一是货币政策应逐步由货币供应量目标制向通货膨胀目标制过渡。国际上货币政策实践中采用的货币政策目标规则主要有汇率目标制、货币供应量目标制和通货膨胀目标制。目前，中国采取的是货币供应量目标制，但是就具体实施的效果来看，并不理想。[①] 1994—2009 年，中国的货币供应量目标基本上都没有实现过，而随着人民币国际化步伐的加快，人民币的漏损效应会更加显现，货币供应量目标制的效果将会更难以保证（见表 7.5）。从国际惯例和研究结论来看，汇率目标制主要适合小国，并不适合中国。世界上明确宣布采用通货膨胀目标制的国家已经有 30 多个，就实际效果来看，在产出稳定与通货膨胀稳定方面有了明显的改善。目前，中国实现通货膨胀目标制的一些基本条件已经具备，为了与人民币国际化的进程相适应，同时为了保持中国经济的稳定，本书认为在货币政策规则上，应进一步完善相关工具，对通货膨胀目标制的实施效果进行测试，为货币政策规则的改变做好准备。

表 7.5　　1994—2009 年中国货币供应量目标值与实际值

年份	狭义货币增长率（%）			广义货币增长率（%）		
	目标值	实际值	差额	目标值	实际值	差额
1994	21	26.2	5.2	24	34.5	10.5
1995	21	16.8	-4.2	23	29.5	6.5
1996	18	18.9	0.9	25	25.3	0.3
1997	18	22.1	4.1	23	19.6	-3.4
1998	17	11.9	-5.1	16	14.8	-1.2
1999	14	17.7	3.7	14	14.7	0.7

① 李扬（2002）、谢平（2004）、封思贤（2006）等研究者的结果均显示出货币供应量规则的效应已经难以适应当前中国经济金融的发展现状。

续表

年份	狭义货币增长率（%）			广义货币增长率（%）		
	目标值	实际值	差额	目标值	实际值	差额
2000	14	16	2	14	12.3	-1.7
2001	15	12.65	-2.35	13	17.6	4.6
2002	13	16.82	3.82	13	16.8	3.8
2003	16	18.67	2.67	16	19.58	3.58
2004	17	13.58	-3.42	17	14.67	-2.33
2005	15	11.78	-3.22	15	17.57	2.57
2006	14	17.49	3.49	16	16.95	0.95
2007	—	21.01	—	16	16.72	0.72
2008	—	8.98	—	16	17.79	1.79
2009	—	32.4	—	17	27.7	10.7

注：中国人民银行没有公布2007—2009年的狭义货币供应量目标值。

资料来源：1994—2009年《中国金融年鉴》和《中国人民银行统计季报》。

二是加快推进利率市场化的进程。在中国目前的利率体系中，除金融市场利率已经完全实现市场化外，中央银行利率、金融机构存贷款利率（存款利率“上限”管理，贷款利率“下限”管理）仍受中央银行管制，是一个市场利率与管制利率并存的体系。利率市场化的不完全、金融市场的不发达必然使利率信号的传导机制不畅，一定程度上削弱调控的灵敏性和有效性。目前在发达国家的金融市场已经完全实现了利率市场化，货币政策的传导也主要是依托发达的金融市场，货币市场利率通过各个市场之间高度的相关性和利率期限结构的调整，影响长期利率，然后通过各种传导途径最终影响总需求。为了充分利用利率工具对中国的宏观经济进行调整，应对人民币国际化所带来的挑战，首先，应提高商业银行的定价能力。在现阶段，商业银行被动地执行中央银行统一确定的贷款利率及其浮动范围，利率管理比较简单；而在利率市场化以后，商业银行必须根据资金市场的供求状况、自身的成本以及信贷客户的信用情况来制定适合的利率，利率定价能力将成为商业银行经营与发展的关键。其次，应进一步拓展金融市场的深度和广度。拓展金融市场的广度指要发展包括政府债券市场、金融机构同业拆借市场、商业票据市场、银行承兑汇票市场、股票市场、基金市场、保险市场、融资租赁市场、外汇市场、黄金市场等许多不同的市场在内的庞大体系；拓展金融市场的深度指在金融市场上创造更多的产品、工具和服务来丰富整个市场的融资渠道，逐步推动利率市场化。最后，应发展利率衍生品市场。随着利率市场化进程的加快，利率风险也会随之增大，各种利率风险管理工具必须要逐步完善和丰富。

三是扩大货币政策决策的视野，建立人民币出入境的统计监测、预警和调节机制。鉴于人民币在周边国家和地区的流通规模逐渐扩大，中国的货币政策，包括人民币现钞发行及回笼计划、外汇储备的流动性安排等都需要考虑上述变化的影响，做出相应的调整，统筹兼顾，积极防范和化解可能出现的金融风险。

二、人民币国际化与汇率政策的协调

一是进一步完善汇率形成机制改革，健全有管理的浮动汇率制度。首先，要逐步增加人民币汇率的弹性区间，放松外汇市场准入限制，允许企事业单位和个人参与市场决策，培养成熟和多元化的市场主体。在规避外汇风险方面，应该增加外汇交易品种，发展外汇远期和期货市场；完善外汇市场做市商制度，保证交易价格的连续性和真实性，提高外汇市场的信息反应与传导效率；中央银行在外汇市场的作用从干预到调控，逐渐让市场成为汇率的调节者。其次，要逐步与多种国际货币联合浮动，相机抉择，降低与美元的相关度，使人民币汇率制度更具有灵活性，更具有自主性。近来一些国家对中国的汇率问题不断施压，这也说明汇率问题不仅仅是一个经济金融问题，也是一个政治问题，对此，中国在汇率制度的选择上一定要以我为主，立足自身经济金融的发展要求，扩大一篮子货币的币种，降低与美元的关联度。

二是适应汇率政策的调整，加快经济结构调整的步伐。从国内学者的研究结论来看，当前在中国的宏观和微观领域均存在着较为严重的货币错配的风险，汇率的快速升值很可能对中国当前的出口企业造成较大的影响。基于此，当前人民币汇率虽然处于一种升值的趋势之中，但是一定要控制住升值的幅度，以为中国经济结构的调整和避险类金融市场和工具的完善赢得时间。同时，在经济政策上，要立足中国的实际情况，扩大内需，减少对出口的依赖，加快产业结构调整和升级的步伐；在金融政策上，应从经济发展的长远出发，加大对外战略储备投资的力度，完善中国汇率类的金融衍生品的开发和相关市场的健全，加快推进人民币“走出去”的步伐，逐步削减当前中国的货币错配程度。

三是加强与周边国家，特别是东亚国家的汇率协调。中国作为世界上位列前三的经济大国，应该积极参与并推动东亚区域汇率协调与合作。首先，中国可以充分利用“10+3”东盟与中国、日本、韩国领导人峰会和中国与东亚各国已搭建的经贸对话与合作平台，建立正常的宏观经济信息交流和共享机制，同时，中国还可以通过与各国建立国情和政策意图的交换机制，听取其他国家的反馈意见，为实现东亚区域汇率协调打下基础。其次，中国可以在已建立的双边货币互换的基础上，积极推动“东亚外汇储备池”的建立，中国是拥有外汇储备最多的国家，可以通过“东亚外汇储备池”的建设，进一步推动亚洲债券市场的建设，不断提升在东亚货币合作中的影响力。最后，中国可以与东亚各中央银行达成人民币跨境支付和结算的协议，逐步推行人民币成为贸易结算货币，以及发挥银行在人民币的跨境支付和结算中的主渠道作用；通过逐步实现人民币自由兑换，使人民币成为东亚各国外汇储备的重要货币，并成为其汇率调节的主要参照货币。

附录

人民币国际化背景下广东金融业发展的战略思考

经过改革开放三十多年的发展，广东早已是一个金融大省，银行资产总量、资本市场融资额、保险费用收入等多项关键指标均居全国第一。但是，广东金融大而不强的根本性问题仍然存在，金融发展与经济发展的良性互动不够明显，金融产业规模快速扩张而核心竞争力不强，金融资源快速集聚与金融资源配置效率不高，经济发展方式转变较快与金融发展方式转变相对滞后。特别是近年来全国各地的金融业发展呈现百舸争流的激烈竞争景象，在国家的金融中心布局上已经被北京、上海抛在了后面，在国家的金融创新试点方面正受到来自天津、重庆等地的强大压力。除了受制于国家金融改革节奏和金融发展布局等外部因素外，也与广东自身金融管理体制机制不够完善、政策扶持体系不够健全、改革创新能力和动力不够强有关。近年来，广东金融业发展面临的外部环境出现一个重大变化，那就是国家大大加快了人民币国际化步伐。人民币将以何种方式走上国际舞台，人民币国际化需要广东金融业发展作哪些方面的重大调整，需要像广东这样拥有改革传统、具备现实条件、满怀雄心壮志的省份大胆创新、勇于实践。

一、广东金融业的发展历程

改革开放三十多年来，广东抓住历史机遇，创造性地运用中央赋予的“特殊政策、灵活措施”，在金融改革和金融创新中先行一步，从一个金融发展相对落后的省份，迅速成为金融大省。尤其是“十一五”时期，广东把握国家允许金融创新先行先试的机遇，迅速成长为全国金融改革发展的“排头兵”，一些主要金融总量指标跃居全国第一，金融体系不断健全、金融市场不断扩大、金融产品不断丰富。作为现代经济的核心，金融在广东经济发展中发挥着越来越重要的作用。概括起来，广东金融业发展可以大致划分为三个阶段。

（一）广东金融业大改革阶段（1978—1997 年）

第一个阶段是改革开放初到 20 世纪 90 年代中期，这是广东金融业发展的大改革阶段。这一阶段广东经济实现了从计划经济向市场经济、从封闭经济向开放经济的转变。与之相适应，广东金融业发展经历了重大的制度建设和体制创新，改革成为这一时期的主题，广东创造了中国金融史上许许多多的“全国第一”：第一家进入中国内地经营的外资银行，第一家进入国内保险市场的外资保险公司；第一家完全由企业法人持股的股份制商业银行，第一家向社会公众公开发行股票的上市银行，第一家由省级政府组建的股份制商业银行；第一张信用卡，第一台自动提款机，第一只股票；第一家证券公司，第一家期货交易所等。[①] 伴随着广东率先进行的改革创新，从旧体制束缚中解放出来的广东金融业实现了跨越式大发展，整体规模迅速扩大，1984 年广东贷款总量跃居全国第一，1988 年广东存款总量跃居全国第一，广东迅速确立了全国金融第一大省的地位。

由于这一时期广东经济发展具有明显的“短缺经济”特征，投资饥渴和资金饥饿始终伴随着经济发展的全过程，金融业对经济发展的支撑和推动作用主要体现在提供更大规模的融资上，甚至单凭银行也无力承担经济快速增长中企业迅速膨胀的资金需求。于是，在金融机构之间、金融机构与企业之间、企业与企业之间形成跨系统、多层次、非常复杂的资金融通网络，粗放型经济增长方式与粗放型金融投放方式相互驱动的必然结果就是金融

① 李丹儿：“回望广东金融的沧海桑田”，载《南方金融》，2008 年第 12 期，第 5－9 页。

机构信用过度扩张，不良资产大量积累和金融风险迅速上升。

（二）广东金融业大调整阶段（1998—2006 年）

第二个阶段是亚洲金融危机之后到 21 世纪头十年中期，这是广东金融业发展的大调整阶段。这一时期国家宏观经济环境从通货膨胀向通货紧缩转变，广东经济发展逐步由粗放型向集约型转变，同时恰逢亚洲金融危机爆发，美国“新经济”泡沫破灭和“9·11”恐怖袭击发生，世界经济在连番冲击下陷入低谷。特别是，这一时期中国金融业市场化改革大踏步推进，分业经营和分业监管成为金融改革的主方向，全国范围内的金融整顿和金融监管显著加强，广东金融业长期粗放式发展积累起来的风险集中爆发。1996 年江门恩平的农村信用社发生支付危机，随后不断蔓延演变为全省性金融风险，最终使全省 150 家城市信用社、4 家财务公司、29 家信托投资机构陷入停业整顿状态，加上其他各类受波及的地方性金融机构，需要进行处置的中小金融机构多达 1 005家。[①] 1998 年 10 月，中国人民银行对广东国际信托投资公司（以下简称广东国投）实行关闭清算；1999 年 1 月，广东国投向省高院正式申请破产；2003 年广东高院宣布广东国投破产案终结破产程序。1998 年 12 月，粤海集团宣布债务重组，并暂停向债权人支付债务本金；2000 年末粤海集团债务重组成功。

以恩平农信事件、广信事件和粤海事件为代表，意味着广东金融业长期积累起来的金融风险从资产风险转向支付风险，特别是广东发展银行问题的出现，已经演变成为或有的系统性风险。为了处理这些历史问题，广东做出了长期努力，付出了巨大的代价。例如化解深圳发展银行债务，化解广州、深圳、佛山、湛

---

① 徐诺金：“优化金融生态环境，促进广东金融强省建设”，载《南方金融》，2005 年第 9 期，第 12－14 页。

江、珠海、汕头等地方商业银行债务，南方证券、广东证券等证券公司进入破产程序，化解科隆、梅雁等上市公司债务，以及解决广东发展银行的不良资产，广东前后花费了10年时间，化解了近2 000亿元的不良资产（仅广东发展银行就化解了650亿元不良资产），基本将历史上遗留下来的金融风险全部化解完毕。在这一痛苦的调整过程中，广东金融机构经历风险洗礼，变得审慎而理性，金融业发展进入稳健适度的科学发展轨道上，特别是在处置这些金融风险过程中，进行了一些重大的制度创新，为全国创造了宝贵经验。

（三）广东金融业大转型阶段（2007年至今）

第三个阶段是21世纪头十年中后期到现在，这是广东金融业发展的大转型阶段，这一过程尚在进行中。这一时期，伴随着党的十七大胜利召开，中国经济发展全面转向科学发展。期间，全球金融危机全面爆发并对世界经济造成严重冲击，作为中国最具开放型经济特征的省份，对危机的感受更加直接和深刻，调结构、转方式显得更加迫切和必要。作为经济发展的晴雨表，同时又是经济发展助推器的金融业，必须适应这种发展模式的转变，并且积极引导和促成这种转变。2007年1月，全国金融工作会议召开，指出金融业处在一个重要转折期，也处在一个重要发展期。同年6月，广东省委、省政府召开了全省金融工作会议，出台了《中共广东省委　广东省人民政府关于加快发展金融产业建设金融强省的若干意见》和《广东建设金融强省“十一五”规划》两个重要文件，正式提出广东全面加快发展金融产业，建设金融强省分三个五年计划、“三步走”的战略目标。经过近几年全省上下的不懈努力，广东建设金融强省取得可喜成绩，经济金融开始有了良性互动，金融业已成为广东现代服务业发展变化最大的领域之一。

1. 金融业发展主要指标屡创纪录。2007 年，广东金融机构总利润首次突破 1 000 亿元。2008 年，广东成为全国第一个保费收入突破 1 000 亿元大关的省份。2009 年，广东金融业增加值占 GDP 比重首次突破 6%，初步确立金融业作为国民经济支柱产业的地位。2010 年，广东中外资金融机构本外币存款余额 8.2 万亿元，相当于香港和内地总和的十分之一；广东金融机构总资产达到 11.54 万亿元，超过香港 10 万亿元的总资产规模；广东证券公司共代理股票基金交易额 31.6 万亿元，基金公司管理的基金的规模超过 1 万亿份，期货公司代理期货交易额 50.6 万亿元，均居全国第一，特别是基金数量和基金管理的资金额占全国三分之一以上；广东境内上市公司 312 家，居全国第一，仅 2010 年就新增上市公司 62 家，当年上市公司融资额 1 362 亿元，成为名副其实的“广东板块”。

2. 发展金融业的构想与实践上升为国家战略。2008 年底国务院通过了《珠江三角洲地区改革发展规划纲要（2008—2020 年）》，明确提出建设广州、深圳区域金融中心和辐射亚太地区的现代金融产业后援服务基地，建设多层次资本市场以及建设多样化、比较完善的金融综合服务体系等目标任务和政策措施。允许在金融改革与创新方面先行先试，建立金融改革创新综合试验区，珠三角地区继上海浦东新区、天津滨海新区之后，成为国家确定的第三个在金融方面进行改革创新的综合试验区，这是国家赋予广东“科学发展，先行先试”最具含金量的金融政策内容之一。在金融改革创新综合试验区总体框架下，广东省内各地金融改革创新十分活跃，广州、深圳两个区域金融中心建设的力度加大；深圳前海、珠海横琴开展金融合作与开放创新有关意见或规划已获得国务院批复，创新工作加快推进；梅州、中山、湛江分别在国家政策允许范围内开展农村金融、城乡金融服务一体化，统筹城乡金融改革创新综合试验。

3. 粤港澳金融合作进入实质性操作。粤港澳金融业合作是广东独有的亮点，近年来粤港澳金融业合作进入了由业界自发推动转入政府主导有规划系统推进的新阶段。2008 年 10 月，粤港两地政府金融工作部门在广州共同商定了粤港金融合作的原则、重要合作事项以及工作安排。2009 年 1 月，粤港金融合作专责小组成立。2009 年 4 月，国务院批准在广东四市开展广东与港澳货物贸易人民币结算试点，目前已推广到全省与所有贸易对象经常项目下的人民币结算试点。2009 年 5 月，成功在 CEPA 补充协议六中争取到允许港澳资银行在广东设立异地同城支行、允许港澳证券公司在广东设立合资证券咨询公司和研究引进港股交易型开放式指数基金。2009 年 6 月，在粤港金融合作恳谈会上，时任香港金融管理局总裁的任志刚先生提出了“三互五通”的合作构想（即在互动、互补及互助前提下，提高内地与香港资金的融通、金融工具的互通、金融机构的共通、金融基础设施的联通、人民币在两地的流通）。2010 年 4 月，粤港两地签署《粤港合作框架协议》，联手打造以香港金融体系为龙头、广深等珠三角城市金融资源和服务为支撑、具有国际竞争力的金融中心区域。所有这些将更加有利于加快粤港澳三地金融资源流动，为粤港澳三地形成统一的区域金融市场打下坚实基础。

4. 广东特色的地方金融体系建设有了新突破。2008 年以来，广东地方法人银行改革重组工作取得新进展，广发银行重组后加快发展和推进上市；广州商业银行对不良资产进行置换处置，引进战略投资者；珠海商业银行、汕头商业银行成功重组；湛江商业银行成功剥离不良资产后实现股权多样化。与此同时，积极研究和推动设立金融控股公司、科技发展银行、汽车金融公司、汽车保险公司、养老保险公司等一批新型地方金融机构。2009 年，广东启动了进一步深化农村信用社改革工作，到 2010 年底已成立 5 家农村商业银行，特别是广州、东莞、顺德农村商业银行在全国同类型商业银行中规模最大，资产质量也最高。广东还积极组建新型农村金融机构，到 2010 年底已成立 12 家村镇银行和 140 家小额贷款公司，融资性担保机构规范整顿工作全面启动。2007 年，面对金融前后台业务分离发展和国际金融后援服务产业加快转移的大趋势，广东省委、省政府决定在佛山市南海区千灯湖建设广东金融高新技术服务区，引进金融后援服务机构和金融服务外包企业进驻，作为服务、支持华南乃至亚太地区金融业的后援服务基地。到 2010 年底已有 41 个项目进驻，总投资额超过了 120 亿元，涵盖了银行、保险、证券、基金、金融外包等多种业态。

改革开放三十多年来，广东金融业发展经历了冰与火的考验，经历了沧海桑田的时代变迁，在金融改革开放中先行一步，从一个金融发展相对落后的省份迅速崛起为全国金融大省。当前，广东作为全国改革开放的排头兵，金融业发展走到了一个新的历史起点，实现从金融大省到金融强省的全面转变将是广东金融业发展必须完成的新目标和新任务。随着人民币国际化步伐加快以及《珠江三角洲地区改革发展规划纲要（2008—2020 年）》的颁布实施，广东金融业发展面临着千载难逢的机遇。

二、广东金融业发展的对策与思考

人民币国际化可能是未来相当长时期内全球金融格局变动中

最令人瞩目的事件之一。考察其他国际货币的演变历程，人民币国际化的路径已经相当清晰，主要体现在地域发展和货币功能上的两个“三步走”。在地域发展上，人民币将逐渐从接壤国（地区）普遍接受的周边性货币，发展成为亚洲地区普遍接受的区域性货币，最终成为全球范围内普遍接受的国际性货币；在货币功能上，人民币将从最初的贸易结算货币，逐步演变成投资货币，最终发展成为储备货币。有序推进人民币国际化对于外向型经济发达的广东是一个十分有利的因素，要充分利用外汇管理体制改革和资本市场开放的契机，进一步疏通人民币流出境外和回流境内的渠道，不断提高广东作为人民币跨境流通重要枢纽的地位。

（一）全面深化粤港澳金融更紧密合作

1. 支持香港建设人民币离岸金融中心。2010 年 7 月，中国人民银行与中银香港签署修订后的《香港银行人民币业务的清算协议》，允许香港银行为包括金融机构在内的企业开设人民币账户和提供各类服务，香港企业购入人民币不设上限。香港离岸人民币产品空间已经豁然开朗，人民币存款证、结构性存款、人民币保单、人民币投资基金等一系列产品将迅速上市。支持香港建设人民币离岸金融中心，有助于共同提高粤港澳地区作为人民币跨境支付结算的枢纽地位。香港建设人民币离岸金融中心，发展足够规模、交投活跃的人民币投资产品，首先要突破的“瓶颈”就是必须要有足够的人民币流动性。增加香港人民币存量有五条可行的渠道：（1）允许境外企业通过中国与其他国家、地区的货币互换协定的安排获得人民币，投资于香港的产品；（2）允许内地商业银行配合贸易需要开展离岸人民币贷款业务；（3）允许获批准的内地企业以人民币对外投资；（4）允许内地保险公司或基金公司以个案方式申请将人民币调往香港，专门用于申购某个投资产品（如人民币计价的股票）；（5）允许 QDII 以人民币参与境外发行与交易。[①] 与此同时，还要有更畅通的人民币回流境内渠道，不断扩大人民币投资产品的投资渠道，降低产品成本，简化结算方式，提高人民币投资产品的吸引力。支持香港建设人民币离岸金融中心，广东可以从以下几方面进行考虑。一是进一步完善粤港澳人民币跨境贸易结算机制，鼓励进口企业用人民币结算，进一步向亚洲地区推广港澳的人民币结算平台以及人民币金融产品。二是进一步完善人民币跨境调拨基础设施，完善人民币现金跨境调拨机制，增强向香港地区供应人民币现金的保障能力。三是推动广东的金融机构对香港金融机构提供人民币资金兑换和人民币账户融资，以及对香港企业提供人民币贸易融资。四是支持广东企业通过香港金融机构进行人民币贸易融资，支持香港金融机构推出更多人民币投资产品等。五是探索广东企业在港澳地区进行人民币直接投资。六是推动人民币通过个人渠道的跨境双向流动，探索以人民币跨越三地开展投融资和贷款等业务。

2. 支持广东与港澳金融机构深入开展合作。金融机构合作是粤港澳跨境人民币合作的载体。按照 CEPA 补充协议六，允许港澳资银行在粤异地设立同城支行、允许港澳证券公司在粤设立合资证券咨询公司等政策。截至 2010 年末，已有汇丰、恒生、东亚和永亨 4 家港资银行申请设立 13 家异地支行，港资银行在珠三角各城市的覆盖面迅速提升到 100%。下一步要继续推动粤港澳金融机构开放与合作。一是积极引进港澳金融机构来粤设立法人机构和分支机构。支持符合条件的港澳银行、证券及期货、保险和基金管理公司等金融机构在广东设立法人机构和分支机构，

① 李小加："关于人民币国际化的六个问题"，载《财经网》，2010 年 9 月 20 日。

开展相关业务。二是鼓励港澳金融机构和企业参股广东地方性金融机构。支持港澳金融机构和企业依法参与发起设立村镇银行、小额贷款公司和融资性担保公司等新型金融机构或组织，参股城市商业银行等地方法人金融机构。三是支持广东的法人金融机构以港澳为桥梁实施“走出去”战略。推动广东的股份制商业银行、保险公司、证券公司、基金管理公司、期货经纪公司等法人金融机构在香港、澳门开设分支机构和代表处，并积极尝试以并购方式拓展境外经营网络和业务。四是支持香港和内地的证券公司合作在广东设立合资证券投资咨询公司，开展跨三地人民币证券投资咨询服务。

3. 深化广东与港澳金融市场合作。一是继续利用港澳融资平台引进资金。支持符合条件的广东金融机构和企业在香港交易所上市，支持广东的股份制商业银行、港资法人银行以及在广东有较多业务的香港企业在港发行人民币债券，探索广东企业在香港发行人民币债券，支持广东符合条件的房地产企业在香港发行房地产信托投资基金等。二是推动广东金融机构、企业和个人参与香港金融市场投资。包括利用境内合格机构投资者（QDII）机制，引导广东居民和企业有序参与香港证券市场投资。三是进一步扩大金融市场合作领域。探索广东金融机构在香港开展人民币贷款业务，以境内标的资产发行人民币投资产品，对境外企业和个人开展全方位人民币金融服务；争取在深圳证券交易所推出恒生指数 ETF、国企指数 ETF、红筹指数 ETF 等试点合作；合作建立期货交易所，发展风险投资机构和私募股权投资基金等；加强粤港澳保险市场创新合作，探索保险业务衔接的途径和方式。

（二）全面建设金融改革创新综合试验区

1. 科学布局广东各地金融改革创新试验。通过金融改革创新试验能够激发广东各地金融创新的活力，优化地方金融生态环境，为抓住人民币国际化重要机遇、推进金融开放打下良好的基础。一是全面推进珠三角地区城市金融改革创新综合试验区建设，加快推进珠三角金融一体化，在国家金融改革创新的重要领域和关键环节先行先试，推动珠三角成为国家金融改革创新核心区之一。二是在梅州、湛江、中山等地区开展各具特色的金融改革创新试验。三是加快把珠海横琴、深圳前海、广州南沙打造成为金融合作与开放创新的重要载体和平台。

2. 在人民币资本项目下可自由兑换方面先行先试。资本项目下人民币可自由兑换是推进人民币国际化的基本前提。在国际货币基金组织划分的43个资本交易项目中，中国已有12个项目完全可兑换，有16个项目部分开放，15个项目完全不开放[①]。特别是在个人跨境证券投资、中资机构对外人民币贷款以及人民币对外直接投资等涉及人民币国际化的关键领域仍然实行严格的资本管制。推进人民币国际化，必然要求在这些领域逐步放松管制，广东应争取在这些领域先行先试。一是对外直接投资方面，在放宽外汇跨境直接投资基础上进一步试点人民币跨境直接投资，包括支持广东企业用人民币进行的境外投资，也包括境外企业用人民币在广东的投资。二是在跨境人民币存贷款方面，支持广东金融机构对境外政府、金融机构以及企业发放专项用途的人民币贷款，用于进口广东生产的产品，进行生产性投资和基础设施建设等，支持取消境外金融机构对广东的金融机构、企业提供人民币贷款的限制。三是在境内外金融市场开放方面，探索进一步放宽

① 高海红、余永定：“人民币国际化的含义与条件”，载《国际经济评论》，2010年第1期，第46－64页。这是截至2007年末时的统计，近年来对资本项目下管制放松主要体现在审批权限上部分下放到了省、市外汇分局或中心分局，以及在天津滨海新区开展个人直接投资外汇证券资产的试点等。

非居民投资境内金融市场的渠道，拓展境外人民币回流渠道，同时积极引导广东的金融机构、企业和个人投资境外资本市场，特别是港澳资本市场。同时，深入开展跨境贸易人民币结算试点，增加企业数量，鼓励广东金融机构推出与跨境贸易人民币结算以及跨境投资人民币结算相配套的贸易融资、保值避险、资金理财等金融产品。

3. 在深化外汇管理体制改革方面先行先试。改革开放以来，中国的国际贸易和国际投资取得了跨越式发展，并且实现了从外汇短缺到外汇充裕的重大转变，从而在客观上要求我们以全球视野和更加开放的姿态审视我们的外汇管理制度，在跨境资金管理上从“宽进严出”的理念向“均衡管理”的理念转变，进一步积极稳妥地推进资本项目开放，促进贸易和投资便利化。一是推进贸易便利化，改进经常项目外汇账户管理，充分满足企业保留和灵活使用外汇需求，简化服务贸易真实性审核程序，便利服务贸易企业对外付汇。二是完善外商直接投资营商环境，推进外商投资企业外汇管理改革，开展企业集团外汇资金集中管理试点。三是积极推进境外直接投资外汇管理改革，支持企业“走出去”。四是规范便利个人外汇收支，推进个人本外币兑换特许业务试点，探索推进境外个人结售汇改革。

（三）全面建设具有广东特色的地方金融体系

1. 打造一批在国内乃至全球具有重要影响力的金融龙头企业。一是通过市场化方式加快整合地方金融资源，打造省属金融控股公司和一批地方性金融控股公司。二是支持省内有实力的金融机构开展综合经营试点和并购重组，迅速做大做强。三是扶持地方金融机构改制上市，深化农村信用社改革，推动城市商业银行和农村商业银行改革重组，增强资本实力和核心竞争力。四是建立一批全国领先的证券期货经营机构。

2. 大力推动地方金融机构国际化经营。一是支持广东本地金融机构在港澳、东盟以及欧美地区设立分支机构，开拓境外人民币业务。通过境外分支机构开展境外人民币项目贷款、消费信贷、信用卡等业务，在境外发行人民币贷款，建立境外人民币自我派生机制，不断提高人民币在境外的接受度。二是支持广东本地金融机构与境外金融机构在人民币同业存款、人民币同业理财、人民币购售、人民币衍生品、人民币国债代理买卖、人民币IPO 存款服务、QFII 托管服务等方面展开全方位的同业合作。三是支持广东本地金融机构为境外金融机构、境外企业和个人开展人民币存贷款、代客理财、代收代付、基金托管、委托业务等人民币业务。

3. 大力发展本地新兴金融机构。一是适应新的市场需求，大力发展资产管理公司、融资租赁公司、汽车金融公司、货币经纪公司、消费金融公司、集团企业财务公司等新型金融机构。二是服务于产业发展和提高自主创新能力需要，推动科技银行、私募股权投资基金、产业投资基金、创业投资基金等的发展。三是利用广东民间资本充裕、中小企业发达的优势，大力发展村镇银行、小额贷款公司、中小企业投资公司、融资性担保与再担保公司等地方性中小金融机构。

4. 科学规划广东金融后援服务产业布局。一是加快广东金融高新技术服务区建设。重点引进为金融前台业务提供服务和高新技术发展提供支撑的金融创新研发中心、数据处理中心、呼叫中心、灾备中心、培训中心、保险资产管理中心、银行卡中心等，建设成为服务和支持华南乃至亚太地区金融业的后援服务基地。二是落实国家支持金融服务外包产业发展扶持政策，发展具有国际竞争力的金融服务外包企业，积极引进境外大型金融企业的海外外包中心。三是加快发展金融信息服务业。争取国家金融管理部门和全国性金融机构在广东建设分支机构、信息化平台、信息服务中心，打造具有国际先进水平的金融资讯中心。

5. 建立更加完善的具有较强资源配置能力和定价能力的现代金融市场体系。一是继续支持深交所发展中小板、创业板。二是探索发展区域非上市股份公司股权交易市场，建设统一高效、功能完备的产权交易市场，加强市场培育和监管，逐步形成高效率的场外交易市场。三是大力发展债券市场，支持符合条件的广东企业在银行间市场发行企业债券、短期融资券、中期票据等债务融资工具，支持广东上市公司发行公司债进行融资。四是大力发展期货市场，充分发挥广东重要物流中心和大宗商品交易中心作用，加快探索粤港合作建设广州期货交易所，加快商品期货交割库建设。五是创新金融市场交易平台，探索开展区域票据市场电子化试点，建立票据交易所、区域信贷资产交易市场和再保险交易市场，争取建立外汇交易清算所，降低外汇信用风险和清算风险。六是大力促进发展区域性金融要素市场，规范发展现有大宗商品远期交易市场，推进塑料、金属材料、粮食、煤炭、石油、钢铁、化工、木材等大宗商品交易中心建设。

（四）深入推进粤台和广东—东盟金融合作

1. 深入推进粤台金融合作。随着海峡两岸经贸合作的深入，两岸金融合作也进入一个重要的机遇期。广东要抓住海峡两岸签署《金融监管合作备忘录》和《两岸经济合作框架协议》的有利机遇，积极争取中央批准广东建立海峡两岸金融合作试验区，开展粤台金融合作先行先试。一是完善粤台金融基础服务体系，扩大人民币与新台币双向兑换试点范围，积极推动粤台人民币经常项目结算。二是有效解决台资企业融资难题，推动粤台具备条件的银行互设营业性分支机构，特别是要大力引进台湾金融机构，完善抵押担保机制，加强对在粤台资企业的信贷支持。三是支持台资企业在内地上市和发行债券融资工具。四是加快粤台证券、保险业合作，充分利用台湾保险业优势，推动广东保险业发展。

2. 以加快建设中国—东盟自由贸易区为契机，深化与东盟金融交流合作。一是充分发挥粤西地区特别是湛江地区与东盟金融合作的“桥头堡”作用，积极参与北部湾地区金融合作。二是建立健全广东—东盟区域支付结算体系。大力深化对东盟人民币业务合作，加快推进与东盟各国跨境人民币结算试点，把东盟作为广东人民币输出的重要区域。三是支持广东金融机构延伸在东盟地区金融服务链条，加强与东盟金融机构在结算、信贷、担保、咨询等方面合作，为广东与东盟经贸往来提供便利的金融服务。

（五）完善区域金融监管，构建更高开放水平下的金融安全区

1. 建立健全区域金融稳定协调机制。加强中央驻粤金融监管机构与地方政府的监管协调，提高金融风险监测、预警和处置工作效能。强化地方政府对地方中小金融机构风险处置责任，建立地方政府主要负责人防范金融风险定期报告制度和责任追究制度。

2. 突出金融监管重点。一是完善货币信贷执行机制，增强货币信贷政策实施的科学性和信贷投放的合理性。二是加强对银行业、证券业、保险业系统性风险的监测评估和防范，强化监管的逆周期性。三是加强对跨境资本流动的有效监管。四是推动提高地方法人金融机构的资本质量和内部控制水平，增强金融市场主体风险防控能力。五是建立健全行政执法、行业自律、舆论监督和群众参与的“四位一体”监管制度，提高金融行业服务质量标准和安全运行水平。

参 考 文 献

［1］艾光：“关于双顺差背景下实现中国内外均衡的思考”，载《时代经贸》，2007 年第 6 期，第 61 – 64 页。

［2］巴曙松、吴博：“人民币国际化对中国金融业发展的影响”，载《西南金融》，2008 年第 4 期，第 4 – 8 页。

［3］巴曙松、吴博：“人民币国际化进程中的金融监管”，载《中国金融》，2008 年第 10 期，第 40 – 41 页。

［4］巴曙松、严敏：“人民币现金境外规模需求的间接测算研究：1999—2008”，载《上海经济研究》，2010 年第 2 期，第 19 – 25 页。

［5］巴曙松：“ 香港银行业开办人民币业务的风险评估”，载《管理世界》，2004 年第 5 期，第 33 – 39 页。

［6］巴曙松：“香港能成为人民币离岸中心吗?”，载《经济月刊》，2002 年第 11 期，第 50 – 52 页。

［7］白晓燕：“人民币汇率制度改革历程及逻辑”，载《世界经济研究》，2008 年第 12 期，第 29 – 34 页。

［8］卜永祥、秦宛顺：《人民币内外均衡论》，北京：北京大学出版社，2006 年。

［9］曹红辉：“国际化战略中的人民币区域化”，载《中国金融》，2006 年第 5 期，第 14 – 15 页。

［10］曹勇：“人民币国际化的政治与经济双重视角分析”，载《经济体制改革》，2010 年第 2 期，第 20 – 24 页。

［11］陈六傅、刘厚俊："人民币汇率的价格传递效应——基于VAR模型的实证分析"，载《金融研究》，2007年第4期，第1－13页。

［12］陈雨露、王芳、杨明："作为国家竞争战略的货币国际化：美元的经验证据"，载《经济研究》，2005年第2期，第35－44页。

［13］陈雨露：《国际金融学》，北京：中国人民大学出版社，2008年。

［14］成思危："结算试点：人民币国际化结茧"，载《南方都市报》，2009年4月13日。

［15］戴金平、魏昊："把握国际货币格局，积极推进人民币国际化"，载《贵州大学学报（社会科学版）》，2010年第7期，第20－23页。

［16］邓水兰、温怡忠："人民币汇率变动对我国进出口贸易结构的影响"，载《国际贸易》，2008年第9期，第26－31页。

［17］邓聿文、陈君："经济观察：国际金融危机加速人民币区域化"，新华网，http：//news. xinhuanet. com/2008－12/25/content_ 10558859. htm，2008年12月25日。

［18］董继华："人民币境外需求规模估计：1999—2005"，载《经济科学》，2008年第1期，第55－66页。

［19］杜辉："货币国际化的规律探索及对人民币国际化的启示"，东北师范大学硕士学位论文，2005年。

［20］杜进朝："汇率变动与贸易发展"，上海：上海财经大学出版社，2004年。

［21］杜荣耀、朱鲁秀："跨境贸易人民币结算催生人民币

离岸市场”，载《经济导刊》，2009 年第 11 期，第 67 – 68 页。

[22] 方霞、陈志昂：“基于 G – PPP 模型的人民币区域‘货币锚’效应”，载《数量经济技术经济研究》，2009 年第 4 期，第 57 – 69 页。

[23] 冯郁川：《人民币渐进国际化的路径与政策选择》，西南财经大学，2007 年。

[24] 冯正强：“人民币汇率对我国对外贸易结构的影响分析”，载《经济经纬》，2007 年第 4 期，第 42 – 44 页。

[25] 高海红、余永定：“人民币国际化的含义与条件”，载《国际经济评论》，2010 年第 1 期，第 46 – 64 页。

[26] 顾美玲：“论人民币成为国际储备货币的必然趋势与历史进程”，载《理论界》，2010 年第 2 期，第 58 – 59 页。

[27]《广东省经济和信息化委员会关于印发 2010 年促进民营经济发展上水平行动计划的通知》。

[28] 广东省统计局法规制度处课题组：《应对危机提升层次协调发展——广东企业 100 强分析报告》。

[29] 何帆：“人民币国际化的现实选择”，载《国际经济评论》，2009 年第 7 – 8 期，第 8 – 14 页。

[30] 何国华：“西方货币国际化理论综述”，载《经济评论》，2007 年第 4 期，第 156 – 160 页。

[31] 何慧刚：“人民币国际化：模式选择与路径安排”，载《财经科学》，2007 年第 2 期，第 37 – 42 页。

[32] 胡智：《金融开放与人民币国际化研究》，西安：西安地图出版社，2003 年。

[33] 黄海洲：“美元和人民币：何去何从?”，载《国际经济评论》，2010 年第 2 期，第 7 – 15 页。

［34］黄静：《建立人民币离岸金融中心的问题研究》，华东师范大学，2007 年。

［35］姜波克、张青龙：“国际货币的两难及人民币国际化的思考”，载《学习与探索》，2005 年第 4 期，第 17 –24 页。

［36］姜波克：“货币国际化：条件与影响的研究综述”，载《新金融》，2005 年第 8 期，第 6 –9 页。

［37］金中夏：“论转轨时期均衡汇率形成机制”，载《经济研究》，1996 年第 3 期，第 27 –33 页。

［38］李成、赵柯柯：“美元主导货币体系的变迁研究”，载《人文杂志》，2010 年第 5 期，第 71 –79 页。

［39］李稻葵、刘霖林：“人民币国际化：计量研究及政策分析”，载《金融研究》，2008 年第 11 期，第 1 –16 页。

［40］李稻葵、刘霖林：“双轨制推进人民币国际化”，载《中国金融》，2008 年第 10 期，第 42 –43 页。

［41］李伏安、林杉：“国际货币体系的历史、现状：兼论人民币国际化的选择”，载《金融研究》，2009 年第 5 期，第 61 –70 页。

［42］李婧、管涛、何帆：“人民币跨境流通的现状及对中国经济的影响”，载《管理世界》，2004 年第 9 期，第 45 –52 页。

［43］李晓：“‘美元体制’的可持续性与东亚货币金融合作的路径选择”，载《学术月刊》，2010 年第 6 期，第 69 –77 页。

［44］李永宁、郑润祥、黄明浩：“超主权货币、多元货币体系、人民币国际化和中国核心利益”，载《国际金融研究》，2010 年第 7 期，第 30 –42 页。

［45］梁勤星：“对人民币国际化问题的思考”，载《西南金

融》，2003 年第 7 期，第 13 页。

［46］刘继广：《人民币离岸金融机理分析》，上海社科院博士毕业论文，2005 年。

［47］刘力臻、徐奇渊：《人民币国际化探索》，人民出版社，2006 年，第 32 – 33 页。

［48］刘力臻：“人民币国际化的独特路径及发展前景”，载《华南师范大学学报（社会科学版）》，2010 年第 1 期，第 112 – 117 页。

［49］刘仁伍、刘华：《人民币国际化风险评估与控制》，北京：社会科学文献出版社，2009 年。

［50］刘煜辉：“内外失衡状况让宏观经济进退维谷”，中国证券网，2006 年 5 月 22 日，http：//www. cnstock. com/newspaper/2006 – 05/22/content_ 1207538. html。

［51］卢锋：“人民币实际汇率之谜”，载《经济学（季刊）》，第 5 卷，2006 年第 3 期。

［52］鲁国强：“发展我国离岸金融市场的若干思考”，载《理论探索》，2007 年第 6 期，第 99 – 102 页。

［53］鲁国强：“我国离岸金融市场监管模式的选择”，载《南方金融》，2008 年第 3 期，第 36 – 38 页。

［54］陆前进：“美元霸权和国际货币体系改革：兼论人民币国际化问题”，载《上海财经大学学报》，2010 年第 2 期，第 61 – 76 页。

［55］路云天：“金融危机下人民币国际化”，载《决策与信息》，2009 年第 5 期，第 11 – 12 页。

［56］骆振心、李忠、王新兵：“汇率制度改革、人民币升值与我国通货膨胀”，载《山西财经大学学报》，2009 年第 5 期，

第 97－103 页。

［57］马荣华、饶晓辉：“人民币的境外需求估计”，载《国际金融研究》，2007 年第 2 期，第 50－59 页。

［58］马荣华：“人民币国际化进程对中国经济的影响”，载《国际金融研究》，2009 年第 4 期，第 79－85 页。

［59］马荣华：“人民币跨境流通风险及防范措施分析”，中国贵阳政府门户网站，2009 年 6 月 10 日，http：//www.gygov.gov.cn/gygov/1442575838544461824/20090612/191988.html。

［60］蒙代尔：“汇率与最优货币区”，载《蒙代尔经济学文集》（第五卷），北京：中国金融出版社，2003 年。

［61］穆西安：“抓住机遇　因势利导推进人民币国际化”，载《南方金融》，2009 年第 3 期，第 5－9 页。

［62］彭刚、廖泽芳：“美元本位制下的全球经济失衡与调整：对当前全球金融危机的思考”，载《中国人民大学学报》，2010 年第 5 期，第 52－61 页。

［63］钱凯：“人民币国际化问题的观点综述”，载《经济研究参考》，2009 年第 42 期，第 39－44 页。

［64］秦颐、郭英立：“我国离岸金融监管的基本问题与政策选择”，载《改革与战略》，2008 年第 8 期，第 70－72 页。

［65］人民币国际化研究课题组：“人民币国际化的时机、途径及其策略”，载《中国金融》，2006 年第 5 期，第 12－13 页。

［66］人民币现金跨境流动调查课题组：“2004 年人民币现金跨境流动调查”，载《中国金融》，2005 年第 6 期，第 38－39 页。

［67］宋海：《金融全球化下的汇率制度选择》，北京：中国

金融出版社，2003 年。

[68] 宋海："泛珠三角区域资本市场发展"，载《广东经济》，2005 年第 11 期，第 5 -7 页。

[69] 孙立、王东东："人民币国际化的约束条件分析"，载《当代经济研究》，2005 年第 8 期，第 27 -30 页。

[70] 汪海涛：《人民币国际化问题研究》，南京理工大学硕士学位论文，2006 年。

[71] 王柏人：《香港建立人民币离岸中心的问题研究》，中国社科院研究生硕士论文，2010 年。

[72] 王琛：《人民币区域化问题研究》，中央财经大学，2008 年。

[73] 王冬梅：《香港人民币离岸金融中心的建立及其对内地货币政策的影响》，兰州大学硕士论文，2006 年。

[74] 王盛杰：" 金融危机背景下人民币国际化的可行性及对策分析"，载《改革与战略》，2009 年第 12 期，第 105 -107 页。

[75] 王松奇："用人民币升值推动产业结构和贸易结构调整"，中国网，2007 年 12 月，http：//wenku. baidu. com/view/22326 70102020740be1e9b15. html。

[76] 王信："发展香港人民币离岸市场，促进上海金融中心建设"，载《国际贸易》，2010 年第 6 期，第 45 -47 页。

[77] 王元龙："关于人民币国际化的若干问题研究"，载《财贸经济》，2009 年第 7 期，第 16 -22 页。

[78] 王元龙："人民币国际化的两个'三步走'"，载《商务周刊》，2010 年第 5 期，第 37 -38 页。

[79] 王元龙："人民币国际化的全方位风险控制"，载《经

济研究参考》，2009 年第 60 期，第 19 - 21 页。

［80］王元龙："人民币资本项目可兑换与国际化的战略及进程"，载《中国金融》，2008 年第 10 期，第 36 - 39 页。

［81］吴念鲁："人民币汇率形成机制改革的走向"，载《中国金融》，2010 年第 7 期，第 68 - 69 页。

［82］奚尚琴："汇率分析范式转换及当前人民币汇率制度评析"，载《金融纵横》，2006 年第 1 期，第 16 - 17 页。

［83］香港集思会人民币课题组：《促进香港成为人民币离岸中心研究》，2010 年第 4 期，第 30 - 32 页。

［84］肖本华："人民币升值与广东制造业结构调整"，载《商业时代——学术评论》，2006 年第 12 期，第 89 - 90 页。

［85］谢平、张晓朴："货币政策与汇率政策的三次冲突——1994—2000 年中国的实证分析"，载《国际经济评论》，2002 年第 3 期，第 30 - 35 页。

［86］新华网："在资本大海中破浪前行——中国资本市场发展 20 周年"，2010 年 12 月 8 日，http：//news. xinhuanet. com/fortune/2010 - 12/08/c_ 13640837_ 2. htm。

［87］徐明朝、高中良："人民币离岸中心发展与监管研究"，载《金融理论与实践》，2008 年第 2 期，第 36 - 42 页。

［88］徐奇渊、刘力臻："香港人民币存量估计：M_1 口径的考察"，载《世界经济》，2006 年第 9 期，第 49 - 57 页。

［89］杨帆："人民币汇率制度历史回顾"，载《中国经济史研究》，2005 年第 4 期。

［90］杨俊："从货币互换及跨境贸易结算试点看人民币国际化进程"，载《河北金融》，2009 年第 8 期，第 55 - 56 页。

［91］杨明秋、何德媛："论人民币国际化的亚洲策略"，载

《中央财经大学学报》，2009年第11期，第30－35页。

［92］杨育智：《广东跨境贸易人民币结算的理论与实证研究》，华南理工大学硕士论文，2010年。

［93］易纲、吴有昌：《货币银行学》，上海：上海人民出版社，1999年。

［94］尹亚红："香港人民币现金流通规模的估计：1998—2006"，载《经济评论》，2009年第2期，第37－42页。

［95］余永定："见证失衡——双顺差，人民币汇率和美元陷阱"，载《国际经济评论》，2010年第3期，第7－39页。

［96］张葆君、胡宗义："人民币升值对通货膨胀影响的CGE研究"，载《统计与决策》，2008年第5期，第134－137页。

［97］张凤山："浅析人民币区域化和国际化对我国经济调整的影响"，载《现代经济信息》，2010年第15期，第177页。

［98］张丽娟、孙春广："人民币在香港流通、使用情况考察"，载《改革》，2002年第5期，第38－41页。

［99］张青龙：《人民币国际化问题研究》，复旦大学，2006年。

［100］张曙光："真知灼见和苦心诤言——余永定教授的《见证失衡》"，载《经济学动态》，2010年第10期。

［101］赵海宽："人民币可能发展成为世界货币之一"，载《经济研究》，2003年第3期，第54－60页。

［102］郑晓舟："人民币：从'不受欢迎'到'全流通'"，载《上海证券报》，2007年6月29日。

［103］郑新立："投资消费比恶化，消费率降至改革以来最低"，载人民网，2010年3月6日，http：//news.sohu.com/2010

0306/n270626590. shtml。

[104] 中国人民银行金融稳定分析小组："中国银行业的发展状况"，载《财经界》，2009 年第 9 期，第 34 – 39 页。

[105] 中国人民银行南宁中心支行课题组："人民币区域化、国际化的趋势及影响"，载《广西金融研究》，2007 年第 7 期，第 10 – 11 页。

[106] 钟伟："略论人民币的国际化进程"，载《世界经济》，2002 年第 3 期，第 56 – 59 页。

[107] 钟伟："人民币在周边国家流通的现状、问题及对策"，载《管理世界》，2008 年第 1 期，第 165 – 166 页。

[108] 周晴："人民币国际化对香港、澳门联系汇率制度的影响"，载《浙江金融》，2010 年第 3 期，第 4 – 5 页。

[109] 周小川："关于改革国际货币体系的思考"，http://news.xinhuanet.com/fortune/2009 – 03/24/content_ 11060507.html。

[110] 朱孟楠、陈晞、张乔："香港：从人民币离岸债券市场到人民币离岸中心"，载《上海金融》，2009 年第 8 期，第74 – 77 页。

[111] Aiyar, Swaminathan S. and Anklesaria, "An International Monetary Fund Currency To Rival The Dollar", Washington Cato Institute, 2009.

[112] Bergsten C. F., "We Should Listen To Beijing's Currency Idea", *Financial Times*, 2009.

[113] Black, S. W., "International Money and International Monetary Arrangements", *Handbook of International Economics*, 1985 (2): 1153 – 1193.

[114] Chinn, M. and J. A. Frankel, "Will the Euro Eventual-

ly Surpass The Dollar as Leading International Reserve Currency?", *Working Paper*, 2005 (11510), NBER.

[115] Chinn, M. D. and J. A. Frankel, "The Euro May Over the Next 15 Years Surpass the Dollar as Leading International Currency", *Working Paper*, 2008 (13909), NBER.

[116] Clark P. B. and Polak J. J., "International Liquidity and the Role of the SDR in the International Monetary System", *IMF Working Paper* 2002.

[117] Dobson, W. and P. R. Masson, "Will the Renminbi Become a World Currency?", *China Economic Reciew*, 2009 (20): 124–135.

[118] Eichengreen, B. J. and J. A. Frankel, "On the SDR: Reserve Currencies and the Future of the International Monetary System", *CIDER Working Paper*, 1996, C96–068, University of California at Berkeley.

[119] European Central Bank, *The International Role of the Euro.*

[120] Frankel, J., "Still the Lingua Franca: the Exaggerated Death of the Doolar", *Foreign Affairs*, 1995 (4): 9–16.

[121] Goldberg, L. S. and C. Tille, "The Internationalization of the Dollar and Trade Balance Adjustment", FRB of New York Staff Report No. 255, 2006.

[122] Hartman, P., *Currency Competition and Foreign Exchange Markets: the Dollar, the Yen and the Euro*, Cambridge, UK: Cambridge University Press, 1998.

[123] Kenen, P. B., "The Role of the Dollar as An Internation-

al Currency", *Occasional Paper*, 1983 (13).

[124] Mundell, R, A., "EMU and the International Monetary System: A Transatlantic Perspective", *Working Paper*, Oesterreichische Nationalbank, 1993.

[125] Papaioannou, E. and R. Portes, "The International Role of the Euro: A Status Report", *Economic Working Paper*, 2008 (317), European Commision.

[126] Tavlas, G. S., "On The International Use of Currencies: The Case of the Deutsche Mark", *Working Paper*, 1991, 90/3, IMF.

[127] U. S. Bureau of the Census, *Historical Statistics of the United States*, *Colonial Times To* 1970, Washington D. C., 1976.

后　记

2003 年 10 月，拙著《金融全球化下的汇率制度选择》一书出版，书中讨论了金融全球化背景下浮动汇率的必然性。随后不久，中美两国就人民币汇率问题又进行了多轮博弈，而且频率越来越高。2007 年全球金融危机爆发以后，以美元霸权为核心的国际货币体系问题百出，这从客观上加速了人民币国际化的进程，也促使我进一步深入思考现行国际货币体系下的人民币汇率改革问题。因此，当中国金融出版社拟再版此书，征求我的意见时，我考虑再三，决定重打鼓，另开张，于是就有了现在这本《人民币汇率制度改革与国际化研究》。

弹指一挥间，中国改革开放已经三十多年了。现在回想起来，改革开放以来人民币汇率的几次大改革，好像就在昨日刚刚发生过一样，历历在目。人民币国际化的提出也已经有二十多年的历史了，早在 20 世纪 80 年代，吴念鲁先生就一直呼吁人民币要走向国际化，在他的启迪下，吾辈后学在这一领域进行了初步探索。由于拥有在外经贸大学和南开大学学习国际金融的经历，在中国银行工作的经验，以及在深圳和广东近二十年金融改革的实践，使我能够对人民币汇率改革这一重大课题作深入的钻研和思考。随着中国经济在全球格局中地位的不断提高，势必要求金融在国际舞台上的地位相应提高，否则就难免受制于人。这本书着重从汇率改革和风险防范的角度，就推进人民币国际化进行了初步探讨。

本书这次能够顺利出版，首先要感谢金融出版社的张红地、赵天朗先生和何为女士，没有他们的关心、支持和“催促”，我是不可能在这么短的时间内，将多年来的思考一气呵成地拓展、深化为一本新书的；同时，我还要感谢吴念鲁先生、吴晓灵女士和石俊志先生，他们给了我不少启迪和鼓励；此外，我还要感谢我在华南理工大学和暨南大学指导的学生贺庆春、胡威、雷超超、杨育智、袁毅敏、雷志威、杨艳林等，他们不仅参与了本书的资料收集和整理，而且还参与了写作过程，教学相长，师生们的每次交流，都促使我不断思考；我还要特别感谢经常与我一起探讨经济金融形势，为我营造良好条件和氛围，给我关心、帮助、指导和莫大启发的领导和同事们，一点一滴，难以忘怀。写作过程中，我的家人和亲友也给予了大力支持，在此特向他们表示诚挚的谢意！

由于作者水平有限，书中错漏在所难免，敬祈专家读者指教。

宋　海

二〇一一年七月